Reinhard Abeln
Anton Kner

# Es gibt
# keine Rosen
# ohne Dornen

Antworten
zu Lebensfragen
und -krisen

*Reinhard Abeln* (links), geboren 1938, Studium der Philosophie, Psychologie, Pädagogik und Anthropologie, Journalist i. R., Referent in der Erwachsenenbildung, zahlreiche Veröffentlichungen über Ehe-, Erziehungs- und Lebensfragen.

*Anton Kner* (rechts), 1911–2003, über vier Jahrzehnte Gemeindeseelsorger im Raum Stuttgart und Ulm, langjähriger Krankenhauspfarrer und Exerzitienmeister, zahlreiche Bücher und Kleinschriften mit seelsorglicher Beratung in Lebensfragen.

# Inhalt

# Ein Wort zuvor

*Schöne Tage – nicht weinen,*
*dass sie vergangen,*
*sondern lächeln,*
*dass sie gewesen.*

**Rabindranath Tagore**

Ich habe vieles auf dem Herzen – so oder ähnlich beginnen immer wieder Briefe und Telefongespräche, die uns erreichen. Sie bestätigen, was wir alle wissen: Die Menschen unserer Tage tragen viel mit sich herum.

Spätestens in der Lebensmitte können Probleme so heftig werden, dass sich die Betroffenen nicht mehr zu helfen wissen und um Hilfe bitten. Manche Probleme haben einen aktuellen „Auslöser", andere haben eine längere Vorgeschichte, die zum Teil bis in die frühe Kindheit zurückreicht. Ein erfahrener Lebensberater hat einmal gesagt: „Überall, wo Menschen leben, gab und gibt es Probleme und innere Nöte. Sie zu bedauern, sie zu verteufeln oder zu vertuschen, hat keinen Sinn. Es kommt darauf an, wie wir mit ihnen zurechtkommen und was wir aus ihnen machen."

Aus der großen Anzahl von Anfragen konnten wir für dieses Buch nur einige wichtige auswählen. Diese Probleme kommen oft vor und bedrängen Menschen in allen Berufen und Altersgruppen. Viele werden sich in den gestellten Fragen wiedererkennen und feststellen: „Bei mir ist es genauso oder wenigstens ähnlich."

Wir bieten mit unseren Antworten keine Rezepte nach Kochbuchart an (was auch gar nicht möglich ist, weil jeder Mensch anders und jede Situation vielschichtig ist). Wir geben vielmehr Denkanstöße; wir zeigen die Richtung auf, in der eine hilfreiche Antwort zu suchen ist. Wir wollen den Leser zum Nach-denken, zum Bedenken einladen. Dafür braucht man einen Ort, an dem man ungestört ist, eine gemütliche Ecke, gelegentlich eine halbe oder eine ganze Stunde Zeit und vor allem die Erkenntnis: „Die Arbeit läuft mir nicht davon", wenn ich mich immer wieder still zurückziehe und über mein Leben nachdenke.

Der berühmte Kirchenlehrer Franz von Sales (1567–1622) hat einmal gesagt: „Ein Prediger ist gut, wenn seine Gemeinde beim Fortgehen nicht sagt: ‚Welch' herrliche Predigt!' – sondern: ‚Ich werde etwas tun.'" Gleiches könnte man vom gedruckten Wort sagen. Es ist dann gut, wenn der Leser nach der Lektüre sagt: „Ich fange wieder neu an!"

Reinhard Abeln / Anton Kner

# Ich habe keinen Menschen

> *„Mein Problem ist mit einem einzigen Satz um-*
> *schrieben: Ich habe keinen Menschen. Ich bin ein-*
> *sam und allein. Niemand kümmert sich um mich.*
> *Es gibt keinen, der für mich Zeit hat. Jeder hat mit*
> *sich selbst genug zu tun. Das Leben schmeckt mir*
> *nicht mehr. Ob und wie ich es schaffe, weiß ich*
> *nicht. Was soll ich nur tun?"*

Es gibt heute viele Menschen, die einsam sind, die niemanden haben, der sich um sie kümmert. Die Einsamkeit nimmt immer größere Ausmaße an. Räumlich rücken die Menschen immer mehr zusammen, mit dem
Herzen gehen sie aber ebenso immer weiter auseinander.
Das Netz der zwischenmenschlichen Beziehungen ist zerrissen. Manche haben das Gefühl der Bodenlosigkeit.

Einsam ist aber nicht gleich einsam. Viele suchen die
Einsamkeit, empfinden sie als Geschenk. Für sich sein,
sich selbst gehören, für sich Zeit haben, wenigstens für
ein paar Stunden nicht gefordert sein, eigenen Gedanken
nachhängen können, sich geben dürfen, wie es einem
ums Herz ist – das macht die Einsamkeit zum Geschenk.

Etwas anderes ist die *Vereinsamung.* Sie ist nicht ge-
meisterte Einsamkeit. Da wird das Einsamsein zur Qual,
zum Verhängnis. Einsame reifen, Vereinsamte verküm-
mern. Einsamkeit ist Gabe und Aufgabe zugleich. Wenn
im Folgenden von Einsamkeit die Rede ist, ist die Ein-

samkeit im Sinne von Vereinsamung, von Alleinsein gemeint.

Wie wird der Mensch fertig mit der Einsamkeit? Man kann dem Alleinsein entfliehen, in die Arbeit, in die Betäubung, in den Rausch. Aber Flucht macht müde und das Erwachen ist schrecklich. Wer vor der Einsamkeit flieht wie der Teufel vor dem Kreuz, kommt vom Regen in die Traufe. Mit der Einsamkeit muss man leben – und das nicht nur *mit* ihr, sondern auch *aus* ihr. Wie kann das geschehen?

Eine erste Hilfe könnte eine biblische Betrachtung sein. Im 5. Kapitel des Johannesevangeliums ist die Rede von einem achtunddreißigjährigen Kranken am Teich Betesda. Im Gespräch mit Jesus sagt er den Satz: „Ich habe keinen Menschen" (Joh 5,7). Die Schmerzen, die er hat, sind für ihn zwar nicht Nebensache, aber sie sind ihm zweitrangig. Was ihn peinigt, ist das wachsende Gefühl, verlassen, „abgeschrieben", für die anderen „Luft" zu sein. Natürlich hätte der Kranke am Teich Betesda auf Anfrage auch sein Leiden umschreiben können. Er hätte sagen können: „Ich habe Rheuma – ich leide unter Gicht – ich habe es auf dem Magen – mein Kreislauf ist nicht in Ordnung." Nein, all das sagt er nicht. Das Schlimmste für ihn ist: „Ich habe keinen Menschen."

Vielen Menschen geht es ähnlich wie dem achtunddreißigjährigen Kranken in Jerusalem. Der Mann vom Teich Betesda, so zeigt die Erfahrung, ist überall anzutreffen, ist geradezu allgegenwärtig. Allerdings bringt nicht jeder die lang verschwiegene Not über die Lippen: „Ich habe keinen Menschen."

Manche könnten einwenden: Wir haben in Staat und Kirche, Stadt und Land viele „amtliche" Stellen, Einrichtungen, ein Heer von bestellten Helferinnen und Helfern, dass niemand mit gutem Recht sagen kann: „Ich habe keinen Menschen." Das stimmt. Wir leben in einem sozialen Staat. Aber ebenso wahr ist, dass es eine Not, Bedrängnis und Betrübnis gibt, die von keiner Einrichtung entdeckt, erfasst und gelindert werden kann. Wer kennt nicht Situationen, in denen der Mensch so entsetzlich hilflos ist, dass er kein Wort über die Lippen bringt, sich irgendwohin „verkriecht", lieber heute als morgen „Schluss machen" möchte? Dazu kommen Leiden, die man aus begreiflichen Gründen so lange wie möglich geheim halten will, weil sie vielleicht etwas Beschämendes an sich haben. Man muss nicht siebzig werden, um zu wissen, was Menschen alles mit sich herumtragen: Verlust- und Versagungserlebnisse, Fehlhaltungen und Fehlgriffe, Umwege und Irrwege, wirkliche oder nur vermeintliche Schuld, Misserfolge und Enttäuschungen (die nicht immer von Täuschungen befreien), Depressionen, Leiden und Nöte, für die es keinen Namen gibt, die man aber auf den einen Nenner bringen kann: „Nicht-mehr-Können-trotz-Wollen".

Diese Lasten und Belastungen sind so alt wie die Menschheit selbst. Elija hatte genug und wollte sterben

(1 Kön 19,1ff.). Jona ging nicht nach Ninive und floh nach Tarschisch. Paulus stöhnte über seinen „unglücklichen Leib" (Röm 8,23). Jesus seufzte über das „böse und ehebrecherische Geschlecht" (Mk 9,23; Mt 17,17; Lk 12,50; Mt 26,38). Der Kranke am Teich Betesda hat einen Namen: Jedermann.

Wer „keinen Menschen hat", darf und soll *klagen*. Klagen ist gesund. „Not, die nicht in der Klage ausgesprochen wird, verschimmelt zu düsterer Melancholie", heißt ein weises Wort. Nöte werden nicht dadurch gemindert und gemildert, indem man sie nicht wahrhaben will oder vor sich herschiebt. Man muss sich seiner Not „stellen". Eine sprichwörtliche Redensart meint: „Die über ihr Leid klagen, sind noch lange nicht die Unglücklichsten." Auch Jesus hat das getan. Er hat geklagt. Er machte seinem Herzen „Luft", dachte nicht daran, immer den „starken Mann" zu spielen, eine „gute Figur" zu machen. Jesus hat aber nicht gejammert, wie dies heute viele Menschen tun. Er wusste: Wer jammert, denkt nur an sich selbst.

Was der Einsame weiter braucht, ist der *Mut* zu sich selbst – der Mut, „Ich" zu sein. Ohne diesen Mut ist der „fehlende Mensch" nicht zu verkraften. Es wird berichtet, dass ein Philosoph als Geburtstag seines Sohnes nicht den Tag gefeiert hat, an dem der Sohn geboren wurde, sondern den Tag, an dem er zum ersten Mal „Ich" gesagt hat. Nur wer ein „Ich" ist, kann sich verschenken. Nur wer den Mut hat, sich selbst zu verschenken, kann ein „Du" und mit ihm den fehlenden Menschen gewinnen. Eingeweihte wissen, wie viele Menschen an „Ich-Schwäche" leiden. Das gestörte Selbstwertgefühl hat oft eine lange Vorgeschichte. Irgendwann hat man sich den Schneid abkaufen lassen und das muss aufgearbeitet werden.

Es wäre gut, wenn einsame Menschen mit einem lebens- und leiderfahrenen Menschen, der mehr weiß, als er sagt, ihre Vergangenheit im Lichte des Evangeliums überdenken würden. Es ist nicht ausgeschlossen, dass sie sich am Ende dieser mühsamen Arbeit rehabilitiert fühlen und ihr Leben wieder entschlossener und froher in die Hand nehmen.

Eine in Jahrtausenden bewährte Hilfe, um die Einsamkeit zu überwinden, ist das *Gebet*. Wer betet, kann nicht mehr sagen: „Ich habe keinen Menschen." Da ist Gott der „Mensch" für den Menschen. Das Gebet macht nach einem Wort des Münsteraner Philosophen Peter Wust, der im Jahr 1940 an Zungenkrebs gestorben ist, still, kindlich, objektiv. Was Peter Wust in seiner Abschiedsvorlesung seinen Schülern sagte, gilt jedem Einsamen: „Wenn Sie mich nun fragen sollten, bevor ich jetzt gehe und endgültig gehe, ob ich nicht einen Zauberschlüssel hätte, der einem das letzte Tor zur Weisheit des Lebens erschließen könne, dann würde ich Ihnen antworten: Ja. Und zwar ist dieser Zauberschlüssel nicht die Reflexion, die Sie von einem Philosophen vielleicht erwarten, sondern das Gebet. Das Gebet, als letzte Hingabe gefasst, macht still, macht kindlich, macht objektiv. Gebet kennzeichnet alle letzte humilitas des Geistes. Die großen Dinge des Daseins werden nur den betenden Geistern geschenkt."

Vielen bekannt ist gewiss der große dänische Religionsphilosoph und Theologe Sören Kierkegaard (1813–1855), der sein Leben lang „keinen Menschen hatte". Ihm ist das nachdenkenswerte Wort gelungen: „Ich wäre zugrunde gegangen, wenn ich nicht zugrunde gegangen wäre." Das heißt: Er hätte das Leben nicht bestanden, wenn er nicht zum einzig tragenden Grund, zu Gott, gekommen wäre.

Gott hat nicht nur den Einblick in unser Leben, er hat auch den Überblick. Er allein „blickt durch", hat immer etwas „im Auge", wie es im ersten Buch der Bibel heißt – eine Wahrheit, die dem Menschen vielfach erst im Lebensherbst geschenkt wird. Einsehen kann man das alles nicht. Man kann sich nur auf Gott einlassen.

Viele *möchten* beten, aber *können* es nicht, können es nicht mehr. Ihnen fehlen die Worte, sagen sie. Ist Beten wirklich so schwer? Manchen, die guten Willens sind, hat Carlo Carretto weitergeholfen, als er sagte: „Beten heißt: sich von Gott betrachten lassen." Gott braucht unsere gut gewählten Worte nicht. Er braucht nur uns selbst und unsere Zeit. Bei ihm ist das Lassen wichtiger als das Tun. Freilich – auch der Beter ist nicht ein für alle Mal über den Berg. Einsamkeit ist wie ein riesiger Satz, den man Tag für Tag von Neuem durchbuchstabieren muss.

## Gebet in der Einsamkeit

*In mir ist es finster, aber bei dir ist Licht,*
*ich bin einsam, aber du verlässt mich nicht,*
*ich bin kleinmütig, aber bei dir ist die Hilfe,*
*ich bin unruhig, aber bei dir ist Frieden,*
*in mir ist Bitterkeit, aber bei dir ist die Geduld,*
*ich verstehe deine Wege nicht,*
*aber du weißt den rechten Weg für mich.*

Dietrich Bonhoeffer (1906–1945)

## In der Tiefe des Seins

In jedem Menschen findet sich eine Schicht der Einsamkeit, die keine menschliche Verbundenheit auszufüllen vermag, auch nicht die stärkste Liebe zwischen zwei Menschen. Und doch bist du nie allein.

Lass dich ausloten bis in dein innerstes Sein, und du wirst sehen, dass jeder Mensch dafür geschaffen ist, bewohnt zu sein. Dort in der Tiefe des Seins, wo keiner keinem gleicht, dort erwartet dich Christus. Dort ereignet sich das Unerwartete.

Nach Frère Roger

# Wie werde ich fertig mit meiner Angst?

> *„An manchen Tagen habe ich es oft sehr schwer mit*
> *mir selbst: Ich habe Angst. Oft kann ich sagen, vor*
> *was und vor wem ich Angst habe, oft aber auch*
> *nicht. Es ist dann, wie wenn eine zentnerschwere*
> *Decke über mir hereinbrechen würde. In solchen*
> *Zeiten bin ich kaum fähig, mich längere Zeit auf*
> *eine Arbeit zu konzentrieren. Ich fange alles Mög-*
> *liche an, bringe nichts zu Ende. Was kann ich tun,*
> *um mit dieser inneren Unruhe fertig zu werden?"*

Es ist nicht leicht, auf diese Frage zu antworten. Denn oft
ist es ein Langzeitprozess, mit der Angst fertig zu werden.
Hinzu kommt, dass jeder Mensch anders und jede Situation einmalig ist. Wir können hier nur ein paar allgemei-
ne Hinweise geben, die sich im Leben bewährt haben.

Mit der Angst, mit der „inneren Unruhe" fertig werden – was heißt das überhaupt? Fertig werden heißt
nicht: die Angst beseitigen. Angst ist nicht abschaffbar.
Angst gehört zum Menschen, zu jedem Menschen. Fertig werden heißt: Gegenkräfte entwickeln, dass die Angst
einen nicht „umbringt", dass man die Angst aushält, er-
trägt, dass man Angst und Angst haben als etwas Natürliches akzeptiert. Keiner sollte in der Angst nur etwas
„Nicht-sein-Sollendes" erblicken, nur ein Verhängnis in
einer von Gott falsch konstruierten Welt. Die Angst will
vielmehr begriffen werden als eine Chance, als eine He-

rausforderung, um die tiefsten Kräfte im Menschen zu mobilisieren. Dass die Angst nicht nur etwas Zerstörerisches an sich hat, sondern sogar aufbauend wirkt, beweist die Geschichte ebenso wie die Erfahrung. Wer nie Angst hatte, nie in Abgründe schauen konnte, das Schaudern noch nie erlebte, bleibt nicht nur kindlich, sondern ist kindisch, wird vielfach primitiv, hart, gefühllos, lebt am wirklichen Leben vorbei. Jedes Leiden – auch die Angst – hat einen tieferen Sinn. Eine rabbinische Geschichte erzählt: Ein von schwerer Krankheit heimgesuchter Mann klagt dem Schriftgelehrten, das Leiden nehme ihm jede Lust; es verstöre ihm Lernen und Gebet. Da legt ihm der Rabbi die Hand auf die Stirn und sagt: „Woher weißt du denn, mein lieber Freund, was Gott mehr gefällt – deine Lehre oder dein Leiden?"

Wer Angst hat, sollte sich seine Angst eingestehen. Angst haben ist keine Schande, sondern menschlich. Wer Angst hat, sieht vielleicht manches falsch, aber er sieht tiefer; er sieht nicht nur das Geschehene, sondern auch das, was hinter dem Geschehenen steht.

Wer Angst hat, befindet sich außerdem in guter Gesellschaft. Jesus hatte Angst, als er Petrus und die beiden Söhne des Zebedäus mit nach Getsemani nahm und ihnen sagte: „Meine Seele ist zu Tode betrübt. Bleibt hier und wacht mit mir!" (Mt 26,38). – Paulus, der Völkerapostel, kam „in Schwäche und in Furcht, zitternd und bebend" nach Korinth (1 Kor 2,3).

Man sollte bei der eingestandenen Angst nicht stehen bleiben. Rückblickend ist zu prüfen: War meine Angst begründet? Ging die „böse Sache" nicht wider Erwarten besser aus, als ich dachte? Wie lange hat es gedauert? Wer hat mir geholfen? Mit wem kann ich auch in Zukunft rechnen? Tagebuchaufzeichnungen wurden schon vielen Menschen eine wirksame Hilfe.

Angst wird zudem gemindert und gemildert, wenn man sie ausspricht. Gerade in der Angst ist der hinhörende Mensch des Menschen beste Medizin. Ausgesprochene Angst ist in der Regel geteilte Angst, vorausgesetzt, dass die Bezugsperson einfühlsam und feinfühlig ist. Bei der Bitte um das tägliche Brot dürfen wir auch um eine solche Person bitten. Gott sei Dank gibt es immer noch Menschen mit einem „hörsamen Herzen" (1 Kön 3,6). Sie sind die „Stillen im Lande", machen nicht viel aus sich selbst, wissen mehr, als sie sagen. Sie sind einem Brunnen vergleichbar, sind gelassen, hören mit beiden Ohren zu. Ihnen ist niemand wichtiger als ihr augenblickliches Gegenüber.

Es ist kaum zu glauben, wie heilend die Nähe eines hinhörenden Menschen auf einen Ängstlichen wirkt! Dabei hat dieser nicht das Gefühl, dass er von oben herab behandelt wird. Im Gegenteil: Er darf mit seiner Angst im Herzen des Hinhörenden Platz nehmen, weil dieser andere weiß: „Ein Grashalm braucht keine Stütze, wohl aber ein Weinstock."

Es gibt weitere Erfahrungswerte für den Umgang mit der Angst: Langeweile kann einen ängstlichen Menschen langsam, aber sicher erdrosseln. Was nottut, sind gelegentliche Lichtblicke und Höhepunkte. Sie schenken Abstand, zeitlich und räumlich. Der Innenraum der Seele wird mit anderen Inhalten gefüllt. Wer nichts erfährt und erlebt, sieht nur noch das Angsterregende, wird darauf fixiert. Das Schwarze wird mit der Zeit noch schwärzer und das Hässliche noch hässlicher. Der Verängstigte muss sagen können: Gemessen an diesem oder jenem ist meine Sache eine Bagatelle.

Wichtig ist, dass der von der Angst Gepeinigte innerlich ausruht – in einem Bild, in einem Buch, von dem er nur wenige Abschnitte liest, in einer Spruchkarte … Die Seele des Ängstlichen soll sich füllen mit froh machenden, stärkenden Bildern, die mit den Furcht erregenden konkurrieren können. Der Verängstigte muss vom Sehen zum Schauen kommen, vom Schauen zum Staunen, vom Staunen zum Lieben. Dazu gehört auch, dass der Ängstliche zu sich selber gut ist, dass er sich selber mag. Um die Angst zu mildern und zu mindern, ist es gut, wenn er sich hin und wieder etwas gönnt, wenn er genießt und dabei im Auge behält, was der Volksmund sagt: „Wer nicht mehr genießt, wird mit der Zeit ungenießbar." Wie wichtig das Genießen für den Menschen ist, sagen viele nachdenkenswerte Worte: „Ich genieße alles dankbar, was von außen kommt, aber ich hänge an nichts" (Wilhelm von Humboldt). – „Vergebens besitzt, wer nicht genießt" (Sprichwort). – „Genieße still zufrieden / den sonnig heitern Tag / du weißt nicht, ob hienieden / ein gleicher kommen mag" (Julius Sturm). – „Mit Weisheit genießen bringt Blumen im Schnee des Alters und ist der heitere Himmel zwischen Regenwolken" (Karl Julius Weber).

Nicht unwichtig ist für den Ängstlichen die nüchterne und ernüchternde Erkenntnis, dass es sinnlos ist, immer auf das Angst erregende Moment zu starren oder – wie bei der Angst ohne Namen – sich alles Schreckliche auszudenken. Wer Angst hat, tut zudem gut daran, sich einer bestimmten Anforderung auszusetzen. Tiere, die nicht kämpfen müssen, erliegen, sagen die Biologen. Ähnliches gilt für den Menschen: Der Mensch wird nur dann gefördert, wenn er gefordert wird. Dabei sollte allerdings jemand dem Ängstlichen helfen. Es müsste jemand da sein, der ihm den Mut zum Wagnis schenkt und ihn erkennen lässt: „Es war halb so schlimm. Meine Angst war unbegründet."

Erfahrene Lebensberater sagen: Man kann sich aus der Angst herauslieben. Wer liebt, wird zwar seine Angst nicht los – denn „in der Welt habt ihr Angst", heißt es in der Heiligen Schrift –, aber die Angst rückt an die Peripherie. Je wichtiger der andere wird, umso weniger wichtig ist sich der Einzelne selbst, umso geringer wird seine Angst. Wer liebt, hat weniger Sorgen um sein Ansehen. „Es gibt keine größere Kraft", so war auf einem Kalenderblatt zu lesen, „als die Kraft der Liebe. Sie überwindet die Angst wie das Licht die Finsternis."

Eine letzte Hilfe, um mit der Angst fertig zu werden, ist das Wagnis des Glaubens. In der Angst ist der Mensch eine ausgestreckte Hand. Gott bringt es nicht übers Herz, diese Hand zu ignorieren. Gott hat ein Herz. Er ist der „Kapitän, das Boot, das Wasser, in das wir fallen", jenes Wasser, aus dem der Herr den Simon Petrus herausgezogen hat (Mt 14,22ff.). Es ist eine uralte Erfahrung: Gott teilt sich dem Menschen dort mit, wo er Angst hat, nicht dort, wo er voller Hoffnung ist. Da schafft es der Mensch allein. Gott begegnet uns auf dem Umweg über unsere eigene Angst.

Selma Lagerlöf (1858–1940), die schwedische Schriftstellerin, hat das nachdenkenswerte Wort geschrieben: „Man sollte nicht ängstlich fragen: Was wird und kann noch kommen? Sondern sagen: Ich bin gespannt, was Gott jetzt noch mit mir vorhat."

Wer Angst hat, liegt gleichsam am Boden. Wer aber am Boden liegt, kann aufgehoben werden. Was wir zu tun haben, ist etwas Einfaches: die Hand Gottes ergreifen! Dag Hammarskjöld (1905–1961), der frühere UN-Generalsekretär, hat diese „Hand-Gottes-Erfahrung" gemacht und gesagt: „Unerhört, in Gottes Hand zu sein!" In einem alten Kalender war von einem unbekannten Verfasser Folgendes zu lesen: „Ich sagte zu dem Engel, der an der Pforte des Jahres stand: ‚Gib mir ein

Licht, damit ich sicheren Fußes der Ungewissheit entgegengehen kann!' Aber er antwortete: ‚Geh nur in die Dunkelheit und lege deine Hand in die Hand Gottes; das ist besser als ein Licht und sicherer als ein bekannter Weg!'"

## Die fehlende Spur

Ich ging am Ufer des Meeres entlang. In der Einsamkeit und Ruhe des Strandes schaute ich auf mein ganzes Leben zurück, auf Tage in reiner Weltlichkeit und auf Ereignisse, in denen der Herr mir nahe war. Unwillkürlich wandte ich mich um, um nach den Fußspuren zu suchen, die mir die Anwesenheit des Herrn zeigen sollten.

Da bemerkte ich, dass auf meinem Lebenspfad oft nur eine Spur zu sehen war – und zwar immer während der traurigsten und dunkelsten Zeiten meines Lebens. Ich war sehr bewegt und fragte: „Herr, als ich mich entschloss, dir nachzufolgen, versprachst du mir, meinen ganzen Weg mit mir zu gehen. Nun habe ich bemerkt, dass während der schwersten Zeiten meines Lebens nur die Abdrücke von einem Paar Füße zu sehen sind. Ich verstehe nicht, warum du mich gerade da alleingelassen hast, wo ich dich am allernötigsten brauchte ..."

Der Herr antwortete mir: „Mein Freund, ich mag dich so sehr, dass ich dich niemals alleinlassen würde in den Zeiten des Leidens und der Anfechtung. Wenn du nur eine Spur gesehen hast, so deshalb, weil ich dich diese Strecke Wegs auf meinen Armen getragen habe."

**Nach einer alten Parabel**

**Gebet um Kraft für den Tag**
O Herr, ich lege mich ganz in deine Hände.
Mache mit mir, was du willst!
Du hast mich geschaffen für dich.
Was willst du, dass ich tun soll?
Gehe deinen eigenen Weg mit mir!
Sei es wie immer, Freude oder Pein:
Ich will es tun.
Ich opfere dir diese Wünsche,
diese Vergnügungen, diese Schwächen,
diese Pläne, diese Neigungen,
die mich fernhalten von dir
und mich zurückwerfen auf mich selbst.
Ich will das sein,
wozu du mich machen willst.
Ich sage nicht: „Ich will dir folgen,
wohin du gehst", denn ich bin schwach.
Aber ich gebe mich dir,
dass du mich wohin immer führst.
Ich will dir folgen und bitte nur
um Kraft für meinen Tag.

**John Henry Newman (1801–1890)**

# Mit Konflikten leben – aber wie?

> *„Der schwere Konflikt mit meinem Kollegen lässt mich nicht mehr schlafen. Mit einem ‚dummen Kopf‘ stehe ich morgens auf und gehe lustlos an meinen Arbeitsplatz. Ich bin fest entschlossen, alles zu vermeiden, was meinen schwierigen Kollegen reizen könnte. Trotzdem bleibt die Atmosphäre gespannt. Ich erwäge eine Kündigung, um diese Belastung ein für alle Mal loszuhaben. Wissen Sie einen Rat?“*

Wahrscheinlich würden viele Menschen in ähnlicher Situation dasselbe in Erwägung ziehen. Es ist nicht einfach, mit Konflikten zu leben und fertig zu werden. Das können Konflikte am Arbeitsplatz, in der Familie, in der Nachbarschaft oder mit Verwandten und Bekannten sein. Unter diesen Konflikten kann die Gesundheit leiden, die körperliche und die seelische. Eine richtige Not!

Guter Rat ist teuer. Der Wechsel des Arbeitsplatzes bei Konflikten im Betrieb oder ein Wohnortwechsel bei Problemen in der Familie, in der Nachbarschaft und mit Verwandten kann eine Lösung bringen, aber ob es eine Dauerlösung ist? Erwarten wir in diesem Punkt nicht zu viel! Wer garantiert uns, dass an der neuen Stelle, am neuen Wohnort nicht auch schwierige Menschen aufkreuzen?

Die Welt, in der wir leben, ist nicht die beste, die es gibt. Es gibt Störungen von innen und außen. Ein winziger Anlass genügt, um eine ganze Kettenreaktion böser Worte und schlimmer Taten auszulösen. Hat man jemanden in Wut gebracht, dann bedarf es oft großer Geduld, um ihn wieder zu beruhigen.

Dass der Mensch ein höchst widersprüchliches Wesen ist, hat jeder von uns zur Genüge festgestellt. Wie wechselhaft ist des Menschen Gemüt, beeinflusst von Vorurteilen und Vorausmeinungen, Erlebnisumfang und Erlebnistiefe. Der Mensch hat Herz und Verstand. Beide streiten miteinander. Plötzlich ist man verstimmt, weiß nicht, warum. Bei ehrlicher Selbstprüfung erkennt man: Ich bin mit einer schwierigen Sache nicht fertig geworden. Vielleicht wurde vorgestern jemand gelobt und selber ging man leer aus. Vieles im Leben wird nicht oder nicht rechtzeitig verdaut. Es kommt zu einem Aggressionsstau. Wehe, wen es trifft! Immer wieder ist der Mensch versucht, die gesunde Mitte zu verlassen, bald in dieses, bald in jenes Extrem zu verfallen, durch ein Zuviel oder Zuwenig zu sündigen. Wie rasch kann sich ein Engel in einen Putzteufel verwandeln! Wie rasch wird aus Genauigkeit Pedanterie, aus Pünktlichkeit Zifferblattneurose! Man weiß zwar, dass man auf dem Holzweg ist, aber das Einfahren in die mittlere Linie kann erschwert werden durch ein ganzes Komplott von Wünschen, Begierden, Hemmungen, Ängsten. Wie viel Demut ist erforderlich, um sich selbst zu korrigieren, eine Schwäche einzugestehen!

Bekanntlich gibt es gewisse Stoßzeiten, in denen das Unterste im Menschen nach oben drängt. Die richtige Urteilsfindung ist schwierig, weil sich Urteile je zur Hälfte aus Erkenntnis und Deutung des Erkannten zusammensetzen. Die Erkenntnismittel mögen immer dieselben sein, aber ihre Handhabung ist verschieden. Der Spiegel, in dem sich die Ereignisse spiegeln, ist verzerrt.

Unsere Existenz ist noch nicht endzeitlich vollendet. Sie ist gebrochen. Wir sind alle miteinander angeschlagen, der eine mehr, der andere weniger. Diese realistische Betrachtungsweise lässt die Flucht von einem Arbeitsplatz zum anderen, von einem Wohnort in den anderen fragwürdig erscheinen. Wenn wir noch unter dem Eindruck des Erlebten stehen, sei die Frage erlaubt: Werden wir in einigen Jahren noch genauso urteilen wie heute? Was uns nottut, ist der Abstand von Tatort und Ereignis. Wer ein Ölgemälde aus 20 Zentimetern Entfernung betrachtet, kann nichts deutlich erkennen. Erst die Distanz lässt das Kunstwerk entdecken.

Vergleichen wir unsere eigenen Urteile, die wir über dieselbe Angelegenheit zu verschiedenen Zeiten gefällt haben! Man denkt und empfindet anders nach einer guten Nacht in der Frühe um 8 Uhr, anders um 17 Uhr, noch einmal anders gegen Mitternacht, wenn sich der Schlaf nicht einstellen will. Die Angst erregenden Momente mehren sich; eine vielleicht harmlose Sache wird schwärzer und schwärzer. Warum die ganze Sache nicht ein paar Mal überschlafen, in der Hoffnung, dass sie dann den richtigen Stellenwert bekommt?

Sind wir ganz fest davon überzeugt, dass der arge Konflikt auf bösem Willen beruht? Manches läuft im Leben schief ohne die geringste böse Absicht. Das Leben ist voll von Tragik. Dass der Mensch begrenzt ist, wissen wir nicht bloß aus Büchern. Von einem erfahrenen Ordensmann stammt das Wort: „Wenn jemand dumm ist, dann ist es ein Unglück; ist er dazu noch eifrig, dann ist es eine Katastrophe." Der Übereifer hat viele Quellen. Manch einer hat seine Gefühle nicht mehr unter Kontrolle. Die Heilige Schrift liefert eine Menge Beispiele dafür. Im Ansturm der unkontrollierten Gefühle hat schon mancher seine Ehre, Gesundheit, ja sogar das Leben eingebüßt. Nicht immer muss es so weit kommen. Wer sich selbst nicht mehr im Griff hat, kann nicht mehr bohren, er ist verbohrt. Er passt nicht mehr auf, sondern verpasst alle Chancen. Er verurteilt, statt zu urteilen.

Christus hat den Menschen so genommen, wie er ist. Manchmal hat er geseufzt. Das Durchhalten ist auch ihm schwergefallen. Das Johannesevangelium (5,1ff.) berichtet, wie er einen Kranken heilte. Der Kranke hat sich daraufhin nicht bekehrt, sondern Jesus bei den Pharisäern denunziert.

Es wird uns nicht gelingen, Konflikte ein für alle Mal aus der Welt zu schaffen. Man wird sie nie restlos lösen können, bei allem guten Willen nicht. Es gilt, sie auszuhalten und ein paar praktische, konkrete Schritte wenigstens zu versuchen.

Ist es ganz und gar ausgeschlossen, dass wir mit unserem Arbeitskollegen, mit unserem Ehepartner, mit den Kindern oder Enkeln, mit den Verwandten oder mit den Nachbarn wieder ins Gespräch kommen? Es wird nicht besser, wenn wir alles auf sich beruhen lassen. Wir bleiben – ob wir wollen oder nicht – miteinander verbunden bis zum Jüngsten Tag. Gewiss, es ist uns Unrecht geschehen, aber wir tun uns einen denkbar schlechten Dienst, wenn wir uns das Böse immer wieder vergegenwärtigen. Natürlich können wir das nicht vergessen, aber verzeihen können wir! Das bedeutet: Die Rechnung, die wir Gott gegen unseren Mitmenschen (Arbeitskollegen, Ehepartner, Nachbarn) präsentieren können, ist zerrissen, die Klage vor Gott ist zurückgezogen. Um das geht es. Wäre es nicht denkbar, dass wir in Gegenwart einer dritten Person den Vorfall besprechen? Es müsste jemand sein, der gut zuhören und aus Satzruinen das Richtige heraushören kann.

In der Bibel steht die Geschichte von Esau und Jakob. Esau war der Starke, Jakob der Schwache. Aber der Schwache hat den Starken überwunden, weil er – aus der Gottbegegnung kommend – auf seinen Bruder Esau zugegangen ist. Ist uns dieser Weg verbaut? Jesus hat sich nicht umsonst immer wieder zurückgezogen. Große Beter haben es ihm nachgemacht. Vielleicht ringen auch wir uns – mit den Worten eines mittelalterlichen Beters – zu der schlichten Bitte durch: „Herr, gib mir die Kraft, das zu ändern, was zu ändern ist! Gib mir die Geduld, das zu ertragen, was nicht zu ändern ist! Schenke mir die Klarheit, beides voneinander zu unterscheiden!"

Eine letzte Überlegung: Man kann im Leben auf seinem Recht bestehen. Aber wem ist damit gedient? Dieses Recht wird um einen teuren Preis erkauft. Wie viele sind dabei schon menschlich verkümmert! Ihr Gemüt ist verdorrt. Bisweilen muss man einen Schritt zurückgehen, um, wenn die Stunde gekommen ist, dafür zwei oder gar drei Schritte vorwärtsgehen zu können. In der Heiligen Schrift ist eine Begebenheit berichtet, die uns nachdenklich stimmt: Die Edomiter sind zu einem ansehnlichen Volk geworden, während Israel in Ägypten weilen muss. Nach dem Auszug aus Ägypten steht Israel an der Landesgrenze von Edom. Die wiederholte Bitte, durch das Land der Edomiter ziehen zu dürfen, wird abgelehnt. Israel hätte sich mit Gewalt einen Weg durch das Land der Edomiter bahnen können, aber Israel verzichtete auf Gewalt. Dann heißt es wörtlich: „Da bog Israel seitwärts von ihnen ab" (Num 20,14ff.). Der Weisheit letzter Schluss heißt oft: seitwärts abbiegen, Ansprüche aufgeben, sich bescheiden um des Friedens willen.

Es wäre zu wünschen, dass wir unsere Probleme realistisch und aus der Sicht des Glaubens betrachten. Eines Tages werden wir entdecken, dass wir diesen Konflikten viel verdanken. Schwierigkeiten, die uns nicht umbringen, machen uns reifer und stärker, zwingen uns zur Konfrontation mit dem lebendigen Gott, lassen vieles, was selbstverständlich zu sein scheint, als Geschenk erkennen. Wir Menschen gleichen eben den alten Uhren, die nur so lange gehen, als Gewichte an ihnen hängen.

## Die Türklinke

Ein Maler hatte ein „Haus des Friedens" gemalt. Groß und stabil, fest wie ein Arche. Die Farben freundlich und harmonisch. Eine friedliche Stimmung lag in dem Bild.

Ein kleiner Junge betrachtete das Bild ganz aufmerksam. Plötzlich fragte er: „Vater, auf diesem Bild fehlt etwas. Es fehlt die Klinke an der Haustür. Wie soll denn da Friede ins Haus kommen?"

Der Vater, nicht wenig erstaunt, antwortete: „Die Türklinke hat der Maler bestimmt nicht vergessen, er hat sie einfach weggelassen. Der Friede kann nur ins Haus kommen, wenn wir ihm von innen die Tür öffnen und ihn bei uns wohnen lassen."

Überliefert

## Die beiden Fuhrleute

Zwei Fuhrleute begegneten sich mit ihren Wagen in einem Hohlweg und konnten einander nicht gut ausweichen. „Fahre mir aus dem Wege!", rief der eine. „Ei, so fahre du mir aus dem Wege!", rief der andere. „Ich will nicht!", sagte der eine. „Ich brauche nicht!", sagte der andere. Weil keiner nachgab, kam es zu heftigem Zank und zu Scheltworten.

„Höre, du", sagte endlich der Erste, „jetzt frage ich dich zum letzten Mal: Willst du mir aus dem Wege fahren oder nicht? Tust du es nicht, so mache ich es mit dir, wie ich es heute schon mit einem gemacht habe." Das schien dem anderen doch eine bedenkliche Drohung. „Nun", sagte er, „so hilf mir wenigstens, deinen Wagen ein wenig beiseitezuschieben. Ich habe ja sonst nicht Platz, um mit dem meinigen auszuweichen!" Das ließ sich der Erste gefallen, und in wenigen Minuten war die Ursache des Streites beseitigt.

Ehe sie schieden, fasste sich der, der aus dem Wege gefahren war, noch einmal ein Herz und sagte zu dem anderen: „Höre, du drohtest doch, du wolltest es mit mir machen, wie du es heute schon mit einem gemacht hättest! Sage mir doch, wie hast du es mit dem gemacht?" „Ja, denke dir", sagte der andere, „der Grobian wollte mir nicht aus dem Wege fahren – da fuhr ich ihm aus dem Wege!"

Peter Hebel (1760-1826)

# Es gibt keine Rosen ohne Dornen

*„Manchmal bin ich es wirklich leid. Da fühle ich mich nach langer Zeit endlich gut, ich erlebe viele schöne neue Dinge und mein Leben macht mir wieder richtig Spaß. Und dann passiert etwas, aus einem oft ganz unwichtigen Anlass heraus, und alles ist wieder vorbei. Dann fühle ich mich erneut schlecht, bin am Boden zerstört, hadere mit meinem Schicksal und muss wieder von vorne beginnen, mich wieder nach oben kämpfen. Ich weiß, das ist der Lauf der Welt, aber je älter ich werde, desto schwerer fällt es mir, mit diesem Auf und Ab umzugehen. Wie kann ich meine Gefühle besser in den Griff bekommen?"*

Wie der Briefschreiberin, so geht es jedem Menschen: Das Leben ist ein ständiges Auf und Ab. Immer wieder gibt es Höhen im Alltag und dann wieder Tiefen. Mal fühlen wir uns oben, dann wieder ganz unten. Der Volksmund hat Recht, wenn er sagt: „Es gibt keine Rosen ohne Dornen." In der Sprache der Bibel heißt das: „Es gibt kein Leben ohne das Kreuz."

In der Tat: Die Welt – und darin unser Leben - steht im Zeichen des Kreuzes. Um das Kreuz kommen wir nicht herum. Keiner kann guten Gewissens sagen, dass das Kreuz spurlos an ihm vorübergegangen sei. Das Kreuz gehört zum Leben wie die Kette zum Fahrrad oder das Wasser zum Fisch. Das Leben ist ein Kreuzweg mit unterschiedlichen Stationen. Man kann nicht immer nur über „Wiesen" wandern, man muss auch durch die „Wüs-te" gehen. „Was weiß eigentlich ein Mensch vom Leben, der nicht gelitten hat?", fragt mit Recht der Mystiker und Wanderprediger Heinrich Seuse (um 1295– 1366). Vom Leben gar nichts! Ebenso wahr ist ein Wort des Schriftstellers Werner Bergengruen (1892–1964) in seiner „Himmlischen Rechenkunst": „Was dem Herzen sich verwehrte ..., jeder Schmerz entlässt dich reicher."

Nur wer die Finsternis kennt, weiß, was Licht ist. Jemand äußerte einmal: „Die kostbarsten Stunden meines Lebens waren diejenigen, in denen ich nicht mehr wusste, wo aus und wo ein." Die Erfahrung der Wüste, das Erleben des Kreuzes, ist unverzichtbar, durch nichts zu ersetzen. Menschen, die die nötige Lebens- und Leiderfahrung besitzen, sagen, dass das Kreuz, sprich das Leid, eine einmalige Chance für den Menschen werden kann. Ohne Leid, ohne Schmerzen, ohne Sorgen kann kein Mensch reifen. Ohne Kreuz-Erfahrung gibt es keine Weiterentwicklung, kein echtes Weiterkommen der menschlichen Persönlichkeit.

Wir müssen nicht verzagen angesichts der vielen Kreuze, denen wir täglich ausgesetzt sind. Diese Kreuze haben viele Namen und Umschreibungen: Altsein, Einsamkeit, Enttäuschungen, Trauer, Sinnlosigkeit, Missverständnisse, Spott, Verachtung, Intoleranz, Misstrauen, Vorurteile, Verleumdungen, Lieblosigkeit ...

Georg Moser drückt dies in seinem lesenswerten Büchlein „Auf dem Weg zu mir selbst" so aus: „Leid kann erstarren lassen und verbittern; es vermag aber auch die Augen zu öffnen und eine tiefere und klarere Sicht der Welt, der Dinge und der Menschen zu schenken. Indem es Fassaden einreißt und das dünne Eis an der Oberfläche unserer Existenz zerbricht, eröffnet es uns ganz neue Erfahrungen und Horizonte."

Eine alte Russin, so wird berichtet, erblindete eines Tages durch Netzhautablösung. Ein Auge war schon früher erblindet, das andere erblindete gerade in dem Augenblick, als sie erfuhr, dass ihr tot geglaubter Sohn aus der Kriegsgefangenschaft heimkehrte. Kein Wort der Klage kam über ihre Lippen. Sie stellte sich sofort auf die Dunkelheit um. Sie lernte Blindenschrift, bewegte sich in gewohnter Umgebung ziemlich sicher, lud Freunde ein und bewirtete sie. Keinem hat sie erlaubt, sie zu bemitleiden. Sie meinte, Gott hätte ihr ihren geliebten Sohn wiedergeschenkt. Was wäre schon ihre Blindheit dagegen! Einmal meinte sie gegenüber einer Freundin: „Weißt du, wenn Gott mir jetzt sagte, du sollst deine Augen wieder haben, ich weiß nicht, ob ich froh darüber wäre. Ich habe gelernt, so vieles zu sehen, was ihr alle nicht seht. Die Welt ist mir so reich geworden, dass ich das normale Sehen gar nicht misse."

Ist eine solche Krankheit ein Unglück? Wird sie in der Gelassenheit nicht zum Segen und zur Verwandlung?

Mancher hat schon dankbar bekannt: „Wäre ich nicht krank geworden, ich wäre ein oberflächlicher und vordergründiger Mensch geblieben."

Irgendwo standen einmal folgende nachdenkenswerten Worte geschrieben: „Menschen, die mit Schrammen bedeckt sind, haben eine besondere Glut." Das bedeutet: Diese Menschen haben gelernt, dass Wunden gleichsam Lebensexamen, Lebensprüfungen sind, um unsere Kraft, unsere inneren Überzeugungen, unseren Charakter zu erproben. Das Kreuz ist eine Last, aber warum soll die Last kein Segen sein? Wer nie be-lastet wird, wie soll der be-lastbar werden? Gescheite Leute gibt es genug. Was wir brauchen, sind weise Menschen. Aber um weise zu werden, braucht man nicht nur Lebens-, sondern auch Leiderfahrung.

Die zur katholischen Kirche konvertierte Dichterin Gertrud von le Fort (1876–1971) sagt dies so: „Nicht nur der lichte Tag, auch die Nacht hat ihre Wunder. Es gibt Blumen, die nur in der Wildnis gedeihen, Sterne, die nur am Horizont der Wüste erscheinen. Es gibt Erfahrungen der göttlichen Liebe, die uns nur in der äußersten Verlassenheit, ja am Rande der Verzweiflung, geschenkt werden."

Eine arabische Fabel sagt dazu Nachdenkenswertes aus. Eine Auster klagt der anderen: „Ich habe Schmerzen; es ist, als trüge ich eine Kugel aus Blei in meinem Leib. Was soll daraus werden?" Die andere Auster erwidert stolz: „Ich fühle mich kerngesund, bin munter und fidel. Du wirst an deiner Kugel noch sterben; ich habe das Leben noch vor mir." Ein Krebs, der dem Gespräch der beiden gelauscht hat, meint: „Was verstehst du stolze Auster schon vom Leben? Du meinst, Jugend, Schönheit und Gesundheit seien alles. Sie hat zwar Schmerzen, aber sie trägt eine Perle in sich."

Es ist töricht, im Leben nur die Rosen haben zu wollen und nicht auch die Dornen in Kauf zu nehmen. „Des Lebens ungetrübte Freude ward (und wird) keinem Sterblichen zuteil", sagt der Dichter Johann Wolfgang von Goethe (1749–1832) im „Faust". Das haben die Älteren unter uns in ihrem Leben zur Genüge erfahren. In der Jugend träumt man oft von Rosen ohne Dornen. Im Alter ist es häufig umgekehrt: Man glaubt, dass es auch Dornen gibt ohne Rosen. Aber das stimmt nicht. Wo Dornen sind, da blüht früher oder später auch einmal eine Rose. Man muss nur warten können und die Augen offenhalten, um diese Rose dann zu finden.

Viele Menschen sehen oft nur die Dornen in ihrem Leben. Sie reißen sich wund daran. Sie klagen und jammern und hadern mit Gott. Das ist oft gerade im Alter der Fall. Man wird leicht verbittert und griesgrämig. Man verliert den Glauben an alles Schöne, Helle, an die Liebe. Gewiss, im Alter gibt es nicht mehr so viele Rosen wie in der Jugend. Die Dornen gedeihen offensichtlich besser als die Rosen. Aber so ganz ohne Rosen, so ganz ohne

Freude, ist auch der Herbst des Lebens nicht. Diese paar Rosen sollte man sehen und für sie dankbar sein. Dann gelingt es auch besser, die unvermeidlichen Dornen geduldig zu ertragen.

## Deine Last hat mich stark gemacht

Ein Mann voller Neid sah an einer Wasserstelle mitten in der Wüste Sahara eine junge Palme heranwachsen. Da er im Herzen böse war, konnte er diesen Anblick nicht ertragen. So entschloss er sich, die Palme zu verderben. Er nahm einen schweren Stein und legte ihn mitten in die Krone des Baumes. „Dieser Stein wird dich erdrücken und verderben", grinste der Missgünstige.

Im ersten Wind, der aufkam, schüttelte sich der junge Baum. Aber es gelang ihm nicht, seine schwere Last abzuwerfen. Da entschloss sich die Palme, mit dieser Last zu leben. Sie grub ihre Wurzeln tiefer in die Erde und sog das Nass in sich auf. So wurde sie immer kräftiger und kräftiger. Ihre Blätter wurden groß, ihre Krone stark.

Nach Jahren kam der böse Mann zurück, um den verkrüppelten Baum zu sehen und sich über seine Leiden zu freuen. Aber er suchte vergebens. Die Palme, inzwischen zur größten und stärksten der ganzen Oase herangewachsen, sagte zu ihm: „Ich muss dir danken, deine Last hat mich stark gemacht."

**Afrikanische Geschichte**

## Die Legende vom Senfsamen

In einem fernen Land lebte eine Frau, deren einziger Sohn starb. In ihrem Kummer ging sie zu einem heiligen Mann und fragte ihn: „Welche Gebete und Beschwörungen kennst du, um meinen Sohn wieder zum Leben zu erwecken?" Er antwortete ihr: „Bring mir einen Senfsamen aus einem Hause, das niemals Leid kennen gelernt hat! Damit werden wir den Kummer aus deinem Leben vertreiben."

Die Frau begab sich auf die Suche nach dem Zauber-Senfkorn. Auf ihrem Weg kam sie bald an ein prächtiges Haus, klopfte an die Tür und sagte: „Ich suche ein Haus, das niemals Leid erfahren hat. Ist dies der richtige Ort? Es wäre wichtig für mich." Die Bewohner des Hauses antworteten ihr: „Da bist du an den falschen Ort gekommen." Und sie zählten all das Unglück auf, das sich jüngst bei ihnen ereignet hatte. Die Frau dachte bei sich: „Wer kann diesen armen unglücklichen Menschen wohl besser helfen als ich, die ich selber so tief im Unglück bin?" Sie blieb und tröstete sie.

Später, als sie meinte, genug Trost gespendet zu haben, brach sie wieder auf und suchte aufs Neue ein Haus ohne Leid. Aber wo immer sie sich hinwandte, in Hütten und Palästen, überall begegnete ihr das Leid. Schließlich beschäftigte sie sich ausschließlich mit dem Leid anderer Leute. Dabei vergaß sie die Suche nach dem Zauber-Senfkorn, ohne dass ihr das bewusst wurde. So verbannte sie mit der Zeit den Schmerz aus ihrem Leben.

**Aus China**

# Ein bisschen mehr Zärtlichkeit ...

> *„Meine Partnerin wirft mir immer wieder vor, ich sei nicht zärtlich genug. Dabei bin gerade ich derjenige, der sie in die Arme nimmt. Ich bin derjenige, der sie hält und ihr so zeigt, dass ich für sie da bin. Trotzdem kommt sie immer wieder auf diesen Punkt zurück. Ich verstehe sie nicht, weil mir nicht klar ist, was sie damit wirklich meint. Ich weiß bald nicht mehr weiter und denke, dass unsere Partnerschaft noch an diesem Problem zerbrechen wird."*

Ohne Zärtlichkeit verkümmert der Mensch. Wer keine Zärtlichkeit erfährt, wird menschlich verkürzt. Das gilt für Kinder ebenso wie für Erwachsene.

Wenn wir ehrlich sind und mitbekommen, was heute gespielt wird, erschrecken wir vor dem Ausmaß an Rücksichtslosigkeit und Egoismus, die um uns herum herrschen. Natürlich gab es das schon immer. Auch früher waren die Menschen keine Engel. Aber es gab wohl zu keiner Zeit so viel Kälte unter den Menschen wie heute. Vielleicht ist dies eine unerbittliche Folge des Leistungsdrucks und Leistungszwangs in unserer arbeitswütigen, nützlichkeitssüchtigen Zeit, die nicht weiß, dass ein Leben Sinn hat nicht nur bei Leistungssteigerung, sondern auch bei Leistungsabfall, nicht nur bei Glanzleistungen, sondern auch bei Fehlleistungen. Wir leben heute in einer Welt, die herzlos ist, ohne Erbarmen. Wirrnis und

Verwirrung, Verkrampfung und Verspannung, so sagen die Fachleute, wären vielen Menschen erspart geblieben, wenn ihnen in der jeweiligen Lebensphase auch die ihnen von Natur aus zustehende Zärtlichkeit, Zuneigung und Zuwendung zuteilgeworden wäre.

Was ist Zärtlichkeit? Es ist leichter zu sagen, was Zärtlichkeit nicht ist. Auf jeden Fall ist Zärtlichkeit kein Genuss, kein Zeitvertreib, kein Naschen und Vernaschen. Sie ist kein billiges Gefühl. Zärtlichkeit ist vielmehr die Hochform der Liebe. Liebe aber ist alles andere als nur Sexualität. Zärtlichkeit als Hochform der Liebe sucht die Nähe des geliebten Menschen. Es soll Zeiten und Orte gegeben haben, wo der Grundsatz galt: „Mindestens drei Schritt vom Leib!" Das war gut gemeint, und man kann diesen energischen Aufruf sogar biblisch begründen: „Der Geist ist willig, das Fleisch aber ist schwach" (Mk 14,38). Aber das nur Gutgemeinte ist oft das Gegenteil von gut. Wo die Angst vor dem anderen ausschließlich regiert, gibt es keine Liebe, erst recht nicht die Hochform der Liebe. So sagt es auch der Lieblingsjünger des Herrn: „Furcht gibt es in der Liebe nicht" (1 Joh 4,18). Liebe, die diesen Namen verdient, ist nicht nur wohl-tätig, sie ist auch wohl-tuend. Sie gibt nicht etwas. Denn „etwas" ist weniger als „viel". Und „viel" ist weniger als „alles", „alles" weniger als „ich".

Liebe in der Form der Zärtlichkeit gibt sich selbst: „Ich bin für dich da. Du kannst ruhig die Karten auf den

Tisch legen. Ich mag dich trotzdem!" Zärtlichkeit fragt: „Hast du einen Wunsch? Womit kann ich dir eine Freude machen?" Zärtlichkeit ist die Schwester der Fantasie, ist findig und erfinderisch. Sie versteht es, den anderen meisterhaft zu überraschen, Sonne in sein Leben zu bringen.

Oft muss man Blumen sprechen lassen. Wenn eine junge Mutter nach langer Wartezeit endlich ihr erstes oder gar ihr zweites Kind bekommt, wäre es ein wenig mager, wenn wir als Besucher nur sagen würden: „Herzlichen Glückwunsch! Sind Sie wohlauf?" Da sind Rosen fällig, am besten Rosenknospen, in zartem Rot! Solche Sprache wird verstanden; sie geht *zu* Herzen, weil sie *von* Herzen kommt.

Wenn die geistigen Kräfte einer Frau im Alten- und Pflegeheim nahezu ganz erloschen sind, aber die Frau um eine Verständigung ringt, ohne ein Lallen über die Lippen zu bringen, wäre es bitter wenig, wenn der Betreuer oder der Besucher erklären würde: „Ich wünsche Ihnen einen guten Abend." Ein zartes Streicheln über die Wange ist die beste Sprache, die ein solcher Mensch versteht und ein für uns vielleicht unvorstellbares Glück auslöst.

Zärtlichkeit als Hochform der Liebe denkt nicht daran, den anderen zu benützen, ihn als Objekt zu gebrauchen. Der andere ist immer Subjekt, Person, einmalig, unauswechselbar. Er hat ein Recht auf Ehre.

Der zärtlich Liebende weiß, dass es auch und gerade in dieser zärtlichen Liebe unumstößliche Gesetze gibt. Es sei erinnert an das Wort aus dem „Kleinen Prinzen" des französischen Schriftstellers Antoine de Saint-Exupèry (1900–1944), wo der Fuchs sagt: „Ich kann nicht mit dir spielen, weil ich noch nicht gezähmt bin."

Auch das gilt: „Kommt einander nicht zu nahe, damit ihr einander nicht fremd werdet." Aus reicher Erfahrung stammt der Satz: „Nähe schafft Ferne und Ferne schafft Nähe." Die Franzosen würden sagen: „Zärtlichkeit ist Intimität und Noblesse auf Distanz."

Zärtlichkeit ist auf die Dauer unmöglich ohne Ehrfurcht, ohne jene Ehrfurcht, die der Schriftsteller Werner Bergengruen (1892–1964) so begründet hat:

> Ich bin nicht mein, du bist nicht dein.
> Keiner kann sein Eigen sein.
> Ich bin nicht dein, du bist nicht mein.
> Keiner kann des andern sein.
> Hast mich nur zu Lehn genommen,
> hab zu Lehn dich überkommen.
> Also mag's geschehen:
> Hilf mir, liebstes Lehn,
> dass ich alle meine Tage
> treulich dich zu Lehen trage
> und dich einstmals vor der letzten Schwelle
> unversehrt dem Lehnsherrn wiederstelle.

Menschen, die innerlich eingetrocknet sind, keinen Spaß vertragen, alles blutig ernst nehmen, die das Tragische noch tragischer nehmen, als es ist; Menschen, die einem

Sauberkeitsfimmel zum Opfer gefallen sind, die Pfennig-
fuchser und Geizhälse, Eisklötze und Halbsentimentale
sind; Menschen, die reden wie zwei Bücher oder wie ein
Wasserfall, die – umgekehrt – stumm sind wie ein Gold-
fisch, denkfaul und maulfaul; Menschen, die sich selbst
nicht mögen und sich wegen einer Kleinigkeit umbringen könnten, die das sechste Gebot zum ersten machen
– alle diese Leute bleiben menschlich verkürzt, werden
sich und anderen eine Last.

Zusammenfassend lässt sich sagen: Zärtlichkeit ist ein
Zeichen von Reife, ist Besorgtheit, Behutsamkeit. Ihre
Karikatur ist Liebelei, Spielerei, die den anderen abwer-
tet, anstatt ihn durch Aufmerksamkeit aufzuwerten.


## Was zählt und überlebt

Ein altes Märchen erzählt, wie ein junger, wissbegieriger
König die Gelehrten seines Landes beauftragte, für ihn
alles Wissenswerte der Welt aufzuschreiben. Sie machten
sich bald an die Arbeit. Nach vierzig Jahren legten sie das
Ergebnis in tausend Bänden vor. Der König, der inzwischen schon sechzig Jahre alt geworden war, sagte: „Tausend Bücher kann ich nicht mehr lesen. Kürzt alles auf
das Wesentliche!"

Nach zehn Jahren hatten die Gelehrten den Inhalt der
Geschichte der Menschen in hundert Bänden zusammen-
gefasst. Der König sagte: „Das ist noch zu viel. Ich bin

schon siebzig Jahre alt. Schreibt nur das Wesentliche!" Die Gelehrten machten sich erneut an die Arbeit und fassten das Wichtigste in einem einzigen Buch zusammen. Sie kamen damit, als der König schon im Sterben lag. Dieser wollte wenigstens noch das Wesentlichste aus der Arbeit der Gelehrten erfahren. Da fasste der Vorsitzende der Gelehrtenkommission das Wesentlichste der Geschichte der Menschheit in einem einzigen Satz zusammen: „Sie lebten, sie litten, sie starben; und was zählt und überlebt, ist die Liebe."

### Wahre Bruderliebe

Von zwei Brüdern war der jüngere verheiratet und hatte Kinder, der ältere war unverheiratet und lebte allein. Gemeinsam bestellten sie ein großes Feld und pflanzten Weizen darauf.

Als die Zeit der Ernte kam, schnitten sie das Getreide und schichteten die Garben in zwei Haufen auf. Jeder der Brüder sollte die Hälfte des Ertrages gemeinsamer Arbeit erhalten. Sie schliefen auf dem Feld, jeder bei seinem Getreide.

Mitten in der Nacht erwachte der ältere Bruder und sagte bei sich: „Mein Bruder hat für Frau und Kinder zu sorgen; eigentlich hätte ich nicht so viele Garben nehmen sollen." Und er stand auf und legte einen Teil zu denen seines Bruders.

Kurz darauf erwachte auch der jüngere Bruder und dachte: „Mein Bruder hat keine Kinder; wer wird einmal für ihn sorgen, wenn er alt ist? Eigentlich hätte ich weniger Garben nehmen sollen." Und auch er erhob sich und legte einen Teil seiner Garben zu denen seines Bruders.

Am nächsten Morgen merkten die Brüder, dass die Zahl ihrer Garben sich nicht verändert hatte. Sie wunderten sich darüber, sagten aber nichts zueinander.

Als der Abend kam, wartete jeder der Brüder, bis der andere, wie es schien, eingeschlafen war, stand auf und tat dasselbe wie in der vorhergehenden Nacht.

Und so geschah es, dass sie einander trafen, als sie gerade ihre Garben zum Garbenhaufen des anderen bringen wollten. Über so viel gegenseitiges Wohlwollen bewegt, umarmten sie sich herzlich.

Gott aber schaute auf die beiden hernieder und sprach: „Heilig ist dieser Ort, der Zeuge von so inniger Bruderliebe geworden ist."

**Aus dem Hebräischen**

# Vergessen, was einen belastet?

> *„Vor einiger Zeit habe ich mich mit einem Freund zerstritten, so sehr, dass wir heute kein Wort mehr miteinander reden. Ich weiß, dass ich an dem Streit schuld bin, ich war der Auslöser dafür und diese Schuld lastet sehr auf mir. Meine Familie sagt, ich solle alles auf sich beruhen lassen. Ich solle mich nicht täglich daran erinnern, mich wieder auf mich selbst besinnen, kurz, einen Strich unter die Rechnung ziehen. Ist das wirklich der richtige Weg? Soll ich wirklich versuchen, das alles einfach zu vergessen?"*

Dieser Rat ist verständlich und gut gemeint. Er widerspricht jedoch der Erfahrung. Wenn das so leicht wäre, hätten viele Menschen ihre Schuld schon vergessen. Das Leben aber beweist das Gegenteil: Die Schuld „gibt keine Ruhe". Darum muss man sich mit ihr auseinandersetzen.

Schuld gehört zu den großen Problemen, mit denen sich die Menschen aller Zeiten und Zonen beschäftigen müssen. Jeder ist von ihr betroffen, wenn auch in verschiedener Weise und in unterschiedlicher Heftigkeit. Schuld hat viele Gesichter. Man kann an ihr reifen, aber auch zerbrechen. Da gibt es die *subjektive*, persönlich empfundene Schuld. Sie entsteht, wenn man gegen seine eigene Überzeugung, gegen sein Gewissen gehandelt hat. Man war zum Beispiel böse, launisch, gemein, unwahr, scheinheilig, rücksichtslos, raffiniert, heimtückisch, verantwortungslos oder hinterhältig. Man hat jemanden bewusst schlecht gemacht, aus Bequemlichkeit dies und jenes versäumt oder keinen Respekt vor anderen gehabt. Diese Schuld ist wie ein Schatten, der einen verfolgt, oftmals bis in die Träume hinein. Man kann danach nicht einfach zur Tagesordnung übergehen. Man könnte sich ohrfeigen, mag nicht mehr unter die Leute gehen, ist froh, wenn man niemanden sieht und von niemandem gesehen wird.

Dann gibt es die *objektiv* feststellbare Schuld. Sie entsteht dadurch, dass man gegen eine bestimmte Vorschrift gehandelt hat. Ein Kaufmann zum Beispiel führt ein wichtiges Kundengespräch und pflegt menschliche Kontakte. Das muss sein, sonst leidet das Geschäft darunter. Es wird etwas getrunken, aber es bleibt nicht bei einem Glas. Beschwingt von seinem Verhandlungserfolg, besteigt der Kaufmann schließlich seinen Wagen, ist in Gedanken schon beim nächsten Kunden, überdenkt das morgige Tagespensum. An einer unerwarteten Kurve passiert es: Er rammt den entgegenkommenden Kleinwagen. Der kleine Wagen hat großen Schaden, sein eigener nur einen kleinen. Die Polizei ist schnell zur Stelle. Der Kaufmann muss sich dem Alkoholtest stellen. Das Ergebnis ist einwandfrei: Er hat zu viel Alkohol getrunken, hat die Schuld an dem Unfall.

Eine dritte Form der Schuld – sie ist schlimmer, schmerzhafter und peinigender als die bisher genannten Formen – ist die *krankhaft* empfundene Schuld. Sie entsteht aus infantiler, kindischer Angst, aus zwanghafter Gesetzlichkeit, indem man immer und überall nur Gebote und Verbote sieht. Man fühlt sich schuldig, obwohl man nichts Schuldhaftes getan hat und deswegen auch keine Schuld hat. Niemand kann einem etwas ankreiden. Hier handelt es sich um „unechte" Schuldgefühle. Sie können zu schweren Depressionen führen, die nicht selten in Selbstbestrafungsversuche einmünden. Menschen, die unter ihnen leiden, bedürfen der fachkundigen Behandlung durch einen Psychotherapeuten und der Betreuung durch einen guten und wohlmeinenden Seelsorger.

Endlich gibt es Menschen, die trotz nachweisbarer Schuld *keinerlei Schuldgefühl* empfinden. Was andere zu viel haben, haben sie zu wenig. Schuld ist für sie ein Betriebsunfall, ein Ausrutscher, eine menschliche Schwäche, die – wie sie sagen – in den besten Familien vorkommt, die nicht der Rede wert ist. Da verlässt zum Beispiel eine junge Frau wegen eines anderen Mannes, der ihr mehr „bieten" kann, ihre Familie. Sie hat deswegen keine Schuldgefühle, obwohl sie ihr erster Mann bestens behandelt hat. Sie glaubt, mit gutem Recht so handeln zu dürfen, weil sie nichts dafür kann, dass der andere Mann sie so fasziniert. „Warum soll ich mir das Leben nicht schön machen?", sagt sie.

Da hinterzieht ein reicher Geschäftsmann dem Staat Jahr für Jahr Tausende von Euro an Steuergeldern. Er hält es für sein gutes Recht, den Staat zu betrügen. Das können wir fast täglich in der Tageszeitung nachlesen.

Wir sehen: Schuld gibt es in vielfacher Weise. Schuld

ist nicht gleich Schuld. Auch der *Sünder* hat Schuld auf sich geladen. Er hat Gottes Gebot übertreten, das „Tischtuch" zwischen sich und Gott zerschnitten. Der Sünder hat sich gegen ein unsagbar gütiges Du verfehlt. Sünde bezieht sich immer auf das Verhältnis des Menschen zu Gott. Sie ist im Grunde nichts anderes als ein gestörtes Verhältnis zu Gott. Was mit Sünde gemeint ist, erzählt die Geschichte vom Sündenfall. Der Verfasser der Sündenfallgeschichte stellt dar, wie der Mensch die ihm von Gott gesetzte Grenze überschreitet, sich bloßgestellt sieht, sich versteckt und die Schuld auf den anderen abschiebt. Aber das ist nicht alles, was die Bibel von der Sünde zu berichten hat. David bekennt nach dem Ehebruch: „Meine Sünde steht mir immer vor Augen." Und der heimkehrende Sohn gesteht: „Vater, ich habe gegen Gott im Himmel und gegen dich gesündigt" (Lk 15,18). Beide – David und der jugendliche Heimkehrer – erkennen: Das hätte ich Gott niemals antun dürfen. Sie verstehen ihre Tat als Lieblosigkeit. Sünde ist ein Mangel an Liebe.

Wie kann der Mensch mit der Schuld fertig werden? Die oben genannte Meinung, man solle nicht mehr über die Schuld reden, ist sinnlos. Die Schuld gibt keine Ruhe. Mit vergessener oder verschwiegener Schuld ist nicht zu spaßen! Sie ist nicht „passé", sondern treibt ihr Unwesen ständig weiter.

Was der Schuldige vor allem braucht, ist das befreiende Wort der Vergebung. Schuld tut immer weh.

Darum gibt es für den, der schuldig geworden ist, nichts Wichtigeres, als dass ihm die Hand zur Versöhnung und Wiedergutmachung gereicht wird. Mahatma Gandhi berichtet Folgendes aus seinem Leben: „Ich war 15 Jahre, als ich einen Diebstahl beging. Weil ich Schulden hatte, stahl ich meinem Vater ein goldenes Armband, um die Schuld zu bezahlen. Aber ich konnte die Last meiner Schuld nicht ertragen. Als ich vor ihm stand, brachte ich vor Scham den Mund nicht auf. Ich schrieb also mein Bekenntnis nieder. Als ich ihm den Zettel überreichte, zitterte ich am ganzen Körper. Mein Vater las den Zettel, schloss die Augen und dann zerriss er ihn. ‚Es ist gut‘, sagte er noch. Und dann nahm er mich in die Arme. Von da an hatte ich meinen Vater noch viel lieber."

Manche lassen den Schuldigen „zappeln". Andere vergeben, aber wie! Ganz von oben herab, mit herablassender Güte, gönnerhaft! Die Folge: Der Kleine wird noch kleiner, der Verwundete noch einmal verwundet. Wieder andere verlangen schriftlich fixierte Garantien, dass so etwas nie wieder vorkommt. Jesus hat das anders gemacht. Bei ihm geschah Wiedergutmachung durch Zuneigung. Er wusste: Wer schuldig geworden ist, ist genug gestraft. Als Simon Petrus ihn dreimal verleugnet hatte, blickte der Herr ihn an, neigte sich ihm zu. Und Petrus „ging hinaus und weinte bitterlich" (Mt 26,75). Ohne Zuneigung und Vergebung kann niemand leben – die Kinder nicht und auch die Erwachsenen nicht. Am leichtesten tut sich mit der Vergebung, wer selbst Zuneigung und Vergebung erfahren hat.

## Sie verneigen sich

1945. Das KZ Dachau ist befreit. Die „Häftlinge" werden an ihren Wachmännern und Peinigern vorbeigeführt, die eine Tafel auf der Brust tragen. Wer für schuldig gehalten wird, gefoltert, schikaniert, getötet zu haben, auf dessen Tafel kann das Opfer einen Strich machen.

Die polnischen Priester treten näher und – gehen an den Schindern vorbei. Sie klagen niemanden an. Ja – sie verneigen sich vor jedem! So ist ein neuer Anfang möglich.

Überliefert

## Keine Hoffnung auf Gott?

Gott hat seine Hoffnung,
seine arme Hoffnung,
auf jeden von uns gesetzt,
auf den elendsten Sünder.
Wird man sagen müssen,
dass wir Elende, wir Sünder,
dass wir es sind,
die unsere Hoffnung
nicht auf ihn setzen?

Charles Péguy

# Ohne Schwung und Freude

> *„Jeden Tag stehe ich mit den besten Vorsätzen auf. Trotzdem geht fast alles daneben. Wo ich hinschaue, überall sehe ich Probleme. Dann tue ich entweder gar nichts, oder ich mache alles falsch. Was übrig bleibt, sind Scherben. Schwung- und freudlos gehe ich durch den Tag. Das Leben ist schrecklich kompliziert. Wie kann es weitergehen?"*

Der Schreiber dieses Briefes spricht gewiss vielen Menschen aus der Seele. Das Leben schmeckt nicht mehr, weil alles schiefläuft. Nichts gelingt so, wie man es sich vorstellt. Im Nu sind die besten Vorsätze weggeschwemmt. Das schlägt nicht bloß aufs Gemüt, sondern auch auf den Magen. Der Leib wird dann zum „Prügelknaben" der geschundenen Seele. „Alles wird bei mir zum Problem", sagen und schreiben viele. „Problem" – ein aus der griechischen Sprache stammendes Fremdwort – bedeutet „Felsvorsprung". Auf einem Felsvorsprung kann man verschieden handeln: Der Erste geht zurück, weil er nicht schwindelfrei ist und die Gefahren richtig einschätzt. – Der Zweite hat Schneid und seilt sich an, weil er die Gefahren richtig beurteilt. – Der Dritte bekommt es mit der Angst zu tun, macht einen Bogen um den Felsvorsprung herum und versäumt dadurch möglicherweise eine wichtige Chance. – Der Vierte verliert die Nerven und stürzt sich in einer Kurzschlusshandlung in die Tiefe.

Eine Frage an alle, die schwung- und freudlos durch den Tag gehen und ihr Leben schrecklich kompliziert finden: *Muss* denn alles oder so vieles zu einem Problem werden? Könnte es nicht auch anders sein? Sind nicht *wir* es oftmals selber, die aus allem ein Problem machen? In Wirklichkeit ist vieles gar nicht so kompliziert, wie es aussieht.

Der Christ weiß, dass Gott nie zwei Dinge auf einmal verlangt. Gott will nicht, dass wir – um ein krasses Beispiel zu nennen – gleichzeitig Auto fahren und auf dem Computer schreiben oder dass irgendetwas in einer bestimmten Sekunde fertig ist. Das ist freilich leichter gesagt als getan. In der Hetze und Hast unserer hektischen Zeit haben viele vergessen, „dass Gottes ewige Liebe durch das Fenster des jetzigen Augenblicks auf uns herabschaut" (Heinz Schürmann). Sobald diese Wirklichkeit in unseren Alltag hineinwirkt, finden wir heraus aus dem komplizierten Leben. Wir wirken dann ruhig, nicht so sehr durch unser Agieren und Reagieren, sondern durch das, was wir sind und ausstrahlen.

Ein schlichter und erfahrener Mensch hat aus der Kompliziertheit des Lebens herausgefunden und seinen Lebensstil einmal so umschrieben: „Ich lebe bekömmlich, beschaulich, behaglich, behutsam und bescheiden." Was heißt das im Einzelnen? Vielleicht können die folgenden Gedanken dem einen oder anderen eine kleine Hilfe sein.

*Bekömmlich leben* – bekömmlich ist, was einem „gut bekommt". Was das konkret ist, muss jeder selbst herausfinden. Manchem wäre bekömmlich, wenn er nicht alles in sich „hineinfressen", sondern stattdessen einmal gehörig „auspacken" würde. Ein anderer sollte das Rauchen aufgeben. Der Dritte täte gut daran, wenn er auf jeden Tropfen Alkohol verzichten würde. Ein Vierter wäre gut beraten, wenn er zuerst denken und dann reden würde. Ein Fünfter sollte nicht wahllos und ungefiltert alle Eindrücke in sich aufnehmen.

Auf die Frage, ob er in seinem hohen Alter „auch noch Aszese treibe", meinte ein hagerer alter Mönch: „Ich mache mein Leben lang Feuerwehrübungen, damit ich im Ernstfall – wenn es brennt – sofort auf der Brandstelle erscheinen kann." Eine großartige Aussage! Es lohnt sich, in Ruhe über sie nachzudenken.

Bekömmlich ist für viele ein tröstliches Wort, wobei allerdings ein Wort von Kardinal John Henry Newman (1801–1890) zu bedenken ist: „Trost ist ein herzstärkendes Mittel, aber niemand trinkt von morgens bis abends nur herzstärkende Mittel."

*Beschaulich leben* – beschaulich hat etwas mit „Schauen" zu tun. Schauen ist mehr als sehen oder geschwinde hinschauen oder gucken. Es ist erschreckend, dass viele nicht mehr schauen, sondern nur noch sehen und gucken können. Schauen geht in die Tiefe. Die Evangelien berichten immer wieder vom Schauen Jesu, von seinem

Blick in die Tiefe eines an sich selbst zweifelnden oder verzweifelten Menschen (vgl. Mt 6,28; Lk 19,5; Mk 6,34; Lk 18,24). Beim Schauen darf das Geschaute im Herzen Platz nehmen. Bilder „schaut man an" – aber niemand „schaut fern". Man „sieht fern". Nach einer Umfrage sollen die Deutschen im Durchschnitt bis zu vier Stunden pro Tag fern„sehen". Ob das gut ausgeht? Wird da nicht die „Tiefenschicht" des Menschen in einer Besorgnis erregenden Weise vernachlässigt, wenn alles stundenlang „frei Kopf" geliefert wird? Beschaulichkeit muss nicht immer mit einem Bild zu tun haben. Man kann sich auch in eine stille Ecke setzen und mit geschlossenen Augen eine Szene aus der Bibel „schauen", sie schauend nacherleben, das heißt betrachten (z. B. Mk 3,15; Mk 6,30; Joh 8,1ff.; Joh 21,17–21). Paulus hat Worte geschrieben, über die man stundenlang schauend, sinnend nachdenken kann (z.B. 1 Thess 5,12–28; 2 Kor 1,4–11; 6,3–10; Röm 7,23–25). Wer dies tut, wird spüren: Worte aus der Bibel sind wie eine Herberge, in der man schauend rasten kann. Nach einem guten Wort der heiligen Mechthild von Magdeburg (um 1210–1282), der bedeutendsten deutschen Mystikerin des Mittelalters, wird der Herr dabei erfahren als „Rasthaus der Barmherzigkeit".

*Behaglich leben* – was heißt das? Blicken wir auf Jesus: Die Jünger haben den Herrn nicht als „Leuteschinder" erfahren. Er hat sie vielmehr berufen, „damit sie um ihn herum seien" (Mk 3,13f.). Bei Mk 6,31 hat er ihnen, als sie nicht einmal mehr Zeit zum Essen hatten, Urlaub verordnet, an einem „stillen Ort", wo sich nach unserer Sprechweise Fuchs und Hase gute Nacht sagen. Bei Joh 11,5 wird berichtet, dass Jesus Marta, ihre Schwester Maria und ihren Bruder Lazarus „liebte". Johannes hätte das bestimmt nicht geschrieben, wenn der Herr immer „nur auf einen Sprung" zu den drei Geschwistern „hereingeschaut" hätte. Das glanzlose „Nazaret" und das anstrengende „Jerusalem" sind nur zu ertragen, wenn man auch ein „Betanien" hat. Jesus war ein menschlicher „Auftraggeber". Er hat seine Freunde, sprich seine Jünger, nicht durch Galiläa und Judäa gehetzt. Warum soll man es sich nicht auch mal ganz bequem machen? Ein angenehmer Sessel ist doch wahrhaftig kein Luxus. Wer immer nur auf Trab ist, rutscht leicht in gefährliche Situationen hinein. Er wird schnell aggressiv, und bekanntlich bekommt jede Aggression „mit der Zeit Junge".

*Behutsam leben* – der Behutsame müht sich um die Kunst des Möglichen und geht nicht mit dem Kopf durch die Wand. Er tastet ab, was geht und was nicht geht. Er will nie etwas erzwingen, fragt lieber, anstatt festzustellen: „So ist es und so bleibt es!" Diese Behutsamkeit ist nur möglich, wenn man vom Evangelium her denkt. Wir sind angetreten nach dem „Gesetz des Weizenkorns" (Joh 12,24) und wissen deswegen: „Nichtstun" ist nicht dasselbe wie „nichts tun".

*Bescheiden leben* – Bescheidenheit hat zu tun mit

„scheiden = unterscheiden, also überlegen", was ich beanspruchen darf und was nicht. Der Bescheidene weiß auch, was und wie viel er sich zumuten darf. Sein inneres Gleichgewicht stammt aus der persönlichen Erfahrung: Der Mensch ist menschlich begrenzt, Gott dagegen ist unbegrenzt menschlich!

Wer so lebt, hat Aussicht, menschlich und einfach zu leben, mit Problemen fertig zu werden, anderen Menschen begegnen zu können. Versuchen wir es! Fangen wir noch heute an! Die Chinesen sagen mit Recht: „Tausend Meilen beginnen mit dem ersten Schritt."


## Mein Gefängnis

Ein Gebet, das eine gefangene Frau verfasst hat, macht betroffen und lädt uns zum Nach- und Mit-Beten ein:

Herr, nicht nur verschlossene und verriegelte
Türen halten mich gefangen,
sondern meine Vergangenheit und Schuld –
nicht nur Gitter und Mauern halten mich gefangen,
sondern auch meine Probleme und Ängste.
Ich bin gefangen,
nicht nur in meiner Zelle,
sondern auch in mir selbst.
Ich bin selbst ein Gefängnis, mein Gefängnis.
Nur du, Herr, weißt, wie sehr ich mich danach sehne,

aus mir selbst auszubrechen,
frei zu werden von meinen Ängsten und Problemen,
von meiner Vergangenheit und Schuld.
Herr, ich selbst kann mich nicht befreien,
nur du kannst mich von meinen Ketten lösen.

**Gebet bei Ratlosigkeit**
Guter Vater im Himmel!
Oft sehe ich keinen Ausweg mehr.
Resignation und Schwermut überfallen mich.
Ich bin dann ganz traurig und stehe ratlos da.
Mir erscheint alles so sinnlos und vergeblich.
Ich bitte dich:
Sei du immer in meiner Nähe!
An jedem Tag, in jeder Stunde, in jeder Sekunde.
Halte mich fest, wenn mich Zweifel
und Angst erdrücken wollen!
Du bist stärker als alles,
was mich bedrängen mag!
Bleibe immer bei mir!
Amen.

# Von vorn beginnen – aber wie?

> *„Vor ein paar Wochen hatte ich nach langer Zeit endlich einen Abend ganz für mich allein. Nichts und niemand hat mich gestört. Allem – Radio, Fernsehen, Telefon – sagte ich tschüss! Ich wollte einfach mich selbst besuchen. Der Besuch hat sich gelohnt. Ich habe erkannt: So kann ich nicht weitermachen. Vieles hat sich verändert, und es gefällt mir nicht mehr, wie ich mein Leben lebe. Ich müsste eigentlich ganz von vorne anfangen, weiß aber nicht, wo ich anfangen soll und wie."*

Es ist großartig, wenn Menschen es fertigbringen, einen ganzen Abend freizumachen – ohne alles, was sie ablenken könnte. Das schafft nicht jeder. Sich gelegentlich einen Besuch zu machen, ist nicht nur wichtig, sondern sogar lebenswichtig. Von Karl Valentin, dem Münchener Komiker, stammt das bedenkenswerte Wort: „Heute besuche ich mich."

Es gibt viele Gründe für einen solchen Besuch. Viele plagt vielleicht eine heilsame innere Unruhe. Sie haben erkannt, dass sie oberflächlich leben, mehr in die Länge als in die Tiefe. Sie merken, dass sie in der jetzigen Verfassung einer schwierigen Situation nicht gewachsen sind. Das ist ein Fortschritt. Schon die alten Griechen wussten: Selbsterkenntnis ist der erste Schritt nach vorn. Aber gerade dieser erste Schritt ist das große Fragezeichen. Man könnte hier ein paar Dutzend solcher möglichen ersten Schritte nennen. Aber damit wäre keinem Menschen geholfen. Was für den Einzelnen gerade jetzt fällig ist, muss er selbst finden. Es gibt Entscheidungen, die man niemandem abnehmen kann. Entscheidungen sind genauso wenig übertragbar wie Erfahrungen. Was aufgezeigt werden kann, ist lediglich die Richtung, in der die Lösung im Einzelfall zu suchen ist.

Wenn wir die biblischen Gestalten im Alten und Neuen Testament betrachten, werden wir entdecken, dass ein neuer Lebensabschnitt immer mit einer Begegnung eingeleitet wurde. Begegnungen geschehen von Mensch zu Mensch, zwischen Gott und dem Menschen, nie zwischen dem Menschen und einem „Es" oder „Etwas". Sachen sieht man, über Steine stolpert man, aber man begegnet ihnen nicht. David, Mose, Jeremia, Jesaja, Hosea, Amos, Johannes der Täufer, Maria, Maria von Magdala, die großen Gestalten der Heils- und Kirchengeschichte, sind geworden, was sie wurden, durch Begegnung. Begegnungen lassen sich nicht erzwingen. Man kann jedoch die Voraussetzungen schaffen, dass eine Begegnung möglich wird. Zu diesen Voraussetzungen gehören äußere und innere Stille, ein hörsames Herz (1 Kön 3,6ff.), die Kunst, zwischen Erst- und Zweitrangigem zu unterscheiden, Beweglichkeit. Am wichtigsten ist jedoch die Bereitschaft, jemanden in seinem Leben, im Herzen, in sich selbst Platz nehmen zu lassen.

Wie wäre es, wenn wir gelegentlich „Besuche empfangen" würden, wenn wir Menschen, die unser Leben ernst nehmen, zu Wort kommen ließen? Es gibt Besucher, die wenig reden, aber viel sagen. Was sie sagen, kann anregen, erregen, aufregen. Es gibt Worte, die in wenigen Augenblicken mehr bewirken als gescheite Bücher. Man ist von ihnen nicht bloß ge-troffen, sondern be-troffen, wenn man nicht zu viel auf einmal in sich aufnimmt. Weise Menschen sind nicht geschwätzig. Was sie sagen, kommt aus der Nähe des brennenden Dornbusches, aus der Nähe Gottes.

Wir sind gut beraten, wenn wir uns von Menschen, die mitten unter uns leben, ansprechen lassen. Es ist durchaus denkbar, dass irgendeines der folgenden Worte uns anspricht, dass wir alte Geleise verlassen und in den Zug umsteigen, der in die Zukunft fährt:

„Wer für den anderen da ist, schenkt ihm die Perle der Ewigkeit in der irdischen Muschel der Zeit" (Heinrich Spaemann).

„Ich bin dankbar für die Erfahrung totaler Hilflosigkeit. Ich weiß jetzt, was ich von mir zu halten habe ... Was mich in den bittersten Stunden gehalten hat, ist der tägliche Rosenkranz ... Ich habe mich mit ihm ruhig gebetet" (Schriftsteller, 58).

„Heute weiß ich, dass Gott aus all meinen Dummheiten und Schwächen heraus Gutes entstehen lassen konnte und kann" (Priester, 40).

„Allmählich begreife ich, dass mir Gott im schwankenden Auf und Ab meines Lebens sagen will: Die Welt dreht sich nicht um dich, sie dreht sich auch ohne dich" (Ein Mann in leitender Stellung, 43).

„Ich erschrecke vor der Tatsache, dass eine Kette so viel wert ist, als das schwächste Glied zu tragen und auszuhalten vermag ... Ich habe aber viele schwache Glieder" (Eine Ordensfrau, 45).

„Seit einiger Zeit schreie ich meine Kinder nicht mehr an. Ich beginne zu begreifen, dass man das Wichtigste leise sagen soll, dass das Lassen oft wichtiger ist als das Tun" (Ein Vater, 44).

„Erst jetzt merke ich, wie sehr ich bis jetzt dem Getue verfallen bin. Wie tröstlich ist es darum, dass – wie es im Markusevangelium (4,25–31) heißt – die Saat wächst, auch wenn die Säleute schlafen" (Eine Mutter, 35).

„Leben ist immer ein Weg zwischen den Händen Gottes" (Karl Pfleger).

„Wenn der Wein der feurigen Zuneigung ausgeht, muss man mit dem Wasser der Treue leben, in der festen Zuversicht, dass Gott dieses Wasser einmal für immer in Wein verwandelt, wenn die Stunde gekommen ist" (Worte für Eheleute bei einem Besinnungstag).

„Große Bäume spenden für andere Schatten und stehen selbst in der Sonnenglut. Früchte tragen sie für andere, nicht für sich" (Kalenderblatt).

„Alle eure Diskussionen helfen euch nicht weiter,

wenn sie nicht aus der Nähe des brennenden Dornbusches, das heißt aus der Nähe Gottes, kommen" (Heinrich Tenhumberg).

„Da du es bist, der die Dinge so geordnet hat, so ergebe ich mich darein und will, was du willst. Hebe mir das Glück, das du mir genommen hast, für die Ewigkeit auf. Ich danke dir für die schöne Vergangenheit, die du mir schenktest. Die Gegenwart opfere ich dir auf und die Zukunft vertraue ich deiner Liebe an" (Gebet eines unbekannten alten Menschen).

Vielleicht ist eines dieser Worte „unser" Wort, das wir gerade jetzt nötig haben. Wenn der Heilige Geist „dabei ist", kann dieses Wort – gesprochen, gebetet von Menschen in unseren Tagen – der erste Schritt von tausend Meilen sein. Besuchen wir uns selbst! Lassen wir uns besuchen! Dann kann unser Leben neu beginnen.


**Schaut in die Zisterne**

Zu einem einsamen Mönch kamen eines Tages Menschen. Sie fragten ihn: „Was für einen Sinn siehst du in deinem Leben der Stille?"

Der Mönch war eben beschäftigt mit dem Schöpfen von Wasser aus einer tiefen Zisterne. Er sprach zu seinen Besuchern: „Schaut in die Zisterne! Was seht ihr?" Die Leute blickten in die tiefe Zisterne. „Wir sehen nichts."

Nach einer kurzen Weile forderte der Einsiedler die

Leute wieder auf… „Schaut in die Zisterne! Was seht ihr?" Die Leute blickten wieder hinunter. „Ja, jetzt sehen wir uns selber!"

Der Mönch sprach: „Schaut, als ich vorhin Wasser schöpfte, war das Wasser unruhig. Jetzt ist das Wasser ruhig. Das ist die Erfahrung der Stille: Man sieht sich selber!"

Überliefert


## Jeden Tag neu beten lernen

Alle Tage müssen wir das Gespräch mit Gott neu aufnehmen und neu lernen, wie wir beten sollen.
An gewissen Tagen ist alles in wenigen Worten gesagt.
Ein andermal zieht sich alles in die Länge, und man läuft Gefahr,
nach inhaltslosen Klischees zu suchen.
Es gilt, das ganze Leben lang bereit zu sein,
jeden Tag von Neuem beten zu lernen.

Nach Frère Roger

# Warum diese Eile?

*„Die ersten Wochen nach dem Urlaub sind für mich eine kritische Zeit. Der Übergang von der Passivität in die Aktivität, vom Nichtstun ins Geschäft, von der Freiheit in die Bindung, von der Liebhaberei zur Pflicht fällt mir sehr schwer. Was kann ich tun, dass die in der Ferienzeit genossene Erholung nicht gleich wieder ‚futsch' ist?"*

Manche scheinen am Ende ihres Urlaubs ein schlechtes Gewissen zu haben und meinen, im Übereifer alles nachholen zu müssen, was sie in der Urlaubszeit versäumt zu haben glauben. Kein Wunder, dass der Erfolg des Urlaubs schon bald in Frage gestellt ist.

Darum sind die Wochen nach dem Urlaub eine besondere Aufgabe. So sehr sie auch von Person zu Person verschieden sind, es lassen sich doch ein paar allgemeingültige Hinweise geben. Diese wären: vom kostbaren Schatz der Erinnerungen zehren – langsam an- und behutsam weiterfahren – dazu die richtige religiöse Einstellung.

*Von Erinnerungen zehren* – wer hat sie nicht, schöne Erinnerungen aus dem Urlaub! Manche haben es sich leicht gemacht, haben fleißig fotografiert und setzen sich an den nun länger werdenden Abenden zusammen, um alles noch einmal zu erleben und zu durchkosten. Aber auch ohne die Gedächtnisstütze der Fotos und Tagebuchnotizen können Ferienerlebnisse lebendig bleiben. Man muss nur den Mut haben, die Augen zuzumachen, um für eine Viertelstunde bei sich selbst einzukehren. „Die Seele nährt sich von dem, worüber sie sich freut", heißt ein nachdenkenswertes Wort aus der Antike.

Fragen wir uns doch: Wie war's in den drei bis vier Wochen, in denen wir die Tapeten gewechselt haben? Welches war unser schönstes Erlebnis? Was möchten wir keinesfalls missen? Welches Landschaftsbild, welcher Berg und welche Gesellschaft wurden uns zu einem besonderen Geschenk?

Irgendwo war folgende Begebenheit zu lesen: Es war im Herbst in den bayerischen Bergen. Im Tal lag eine dichte Nebeldecke. Eine Gruppe von Urlaubern aber wollte sich mit diesem Grau in Grau nicht zufrieden geben, sie wollte doch etwas erleben von der Schönheit der Alpenwelt. So stiegen sie den Berg hinan in der Hoffnung, dass doch bald die Sonne kommen und alles in ihrem goldenen Licht erstrahlen müsste. Doch eine Viertelstunde, eine halbe Stunde, mehr als eine Stunde verging: Im dunklen Bergwald und um die grauen Felswände herum erschienen die Wolkennebel nur noch dichter. Schließlich kam ihnen ein Einheimischer von oben her entgegen. Sie fragten ihn: „Sagen Sie, nimmt denn der Nebel gar kein Ende? Sollen wir weitersteigen, oder sollen wir umkehren?" Der Einheimische antwortete: „Ihr müsst bis zum Kreuz hinauf, dort ist alles hell." Und so war es wirklich:

Am Gipfelkreuz war der Nebel zu Ende, fast wie abgeschnitten. Eine strahlende Sonne leuchtete von einem herrlich blauen Himmel und rings im Kreis grüßten Berggipfel neben Berggipfel, wie zum Greifen nah.

Vielleicht können wir uns an bestimmte Gespräche im Urlaub noch gut erinnern. Der eine oder andere hat erfahren dürfen, dass man ihn ernst nimmt, dass man ihn schätzt; er fühlte sich in seinem Wesen und Wert bestätigt, angenommen. Das sind so kleine Aufmerksamkeiten, die uns Gott auf den Durststrecken unseres Daseins hin und wieder zukommen lässt.

Und wenn jemand keine schönen Erinnerungen hätte? „An meinem Tisch", erzählte jemand, „saß ein Gast, der jeden Tag mit einem griesgrämigen Gesicht in den Speisesaal kam und ihn ebenso verließ. Dieses Zusammensein war kein Genuss. Eines Tages kamen wir dann miteinander in ein längeres Gespräch. Er hatte schlecht geschlafen, träumte schreckliche Dinge. Man musste kein Tiefenpsychologe sein, um das grausige Zeug zu deuten." Da hat einfach ein Mensch weder sich selbst noch seine konkrete Situation angenommen. Er suchte das Nicht-Angenommene zu verdrängen und befand sich auch im Traum von hässlichen Tieren verfolgt, war pausenlos auf der Flucht und fühlte sich am Morgen erschöpfter als am Abend zuvor.

Das soll heißen: Wenn wir keine schönen Erinnerungen haben, könnte das nicht an uns selbst liegen, dass wir das Schöne gar nicht sehen? Warum? Weil wir dauernd eine schwarz gefärbte Brille tragen. Jeder Mensch muss eben sein eigenes Leben leben. Lebt er ein anderes, gedachtes, künstlich erzwungenes, dann lebt er an sich vorbei; er lebt unwahr, nicht seine Wahrheit.

Kurzum: Wandern wir einfach in die Ferienzeit zurück und notieren wir uns die Kostbarkeiten unseres Urlaubs! Lassen wir uns einmal rückblickend von Gott und den Menschen gern haben!

*Langsam an- und behutsam weiterfahren* – es soll Leute geben, die nach dem Urlaub so „ins Geschirr" hineinfahren, dass man meinen könnte, morgen sei der Jüngste Tag oder die Arbeit würde ihnen davonlaufen. Das tut sie nicht. Sie wartet, bis sie getan ist. Wir sind nüchtern genug, um zu wissen, dass ein ganzer Berg Arbeit auf uns wartet: in der Familie, am Arbeitsplatz und im Büro, in der Sprechstunde und im Labor, in der Klinik und im Bus, im Krankenhaus und in der Pfarrgemeinde. Aber wir können diese Arbeit nur nach und nach tun, wenn wir nicht gleich wieder urlaubsreif sein wollen.

Man täte sich einen schlechten Dienst, wollte man nach dem Urlaub den Berg, der vor einem liegt, auf einmal nehmen; man muss ihn buchstäblich in Millionen Teile zerkleinern. Alles der Reihe nach, das eine nach dem andern! „Gott hat den Menschen die Zeit gegeben", sagt ein finnisches Sprichwort, „aber von der Eile hat er nichts gesagt."

Im Übrigen ist es eine alte Erfahrung: Manche Schwierigkeiten werden dadurch am besten gelöst, dass man gar nichts tut. Man muss das innere Gesetz der Dinge entdecken und vieles eben reifen lassen. Das setzt eine Portion Gelassenheit und Gottvertrauen voraus.

Es ist gut, dass wir keinen Tag auf einmal leben müssen, sondern jeden nur in winzigen Teilen zu meistern haben. Und wir gehen nicht fehl in der Annahme, dass uns Gott die Kraft, die wir um 17.00 oder 18.00 Uhr brauchen, nicht auf Vorschuss bereits morgens beim Schuhanziehen gibt. Das gibt den Mut, „behutsam zu fahren".

Wie man es nicht machen darf, weiß uns eine alte Geschichte zu berichten:

„Es lebte einmal ein Mann, der war ein sehr tätiger Mann und konnte es nicht übers Herz bringen, eine Minute seines wichtigen Lebens ungenützt zu lassen. Wenn er in der Stadt war, so plante er, in welchen Badeort er reisen werde. War er im Badeort, so beschloss er einen Ausflug nach Marienruh, wo man die berühmte Aussicht hat. Saß er dann auf Marienruh, so nahm er den Fahrplan her, um nachzusehen, wie man am schnellsten wieder zurückfahren könne. Wenn er im Gasthof einen Hammelbraten verzehrte, studierte er während des Essens die Karte, was man nachher unternehmen könnte. Und während er den langsamen Wein des Gottes Dionysos hastig hinuntergoss, dachte er, dass bei dieser Hitze ein Glas Bier wohl besser gewesen wäre. So hatte er niemals etwas getan, sondern immer nur ein Nächstes vorbereitet. Und als er auf dem Sterbebett lag, wunderte er sich sehr, wie leer und zwecklos doch eigentlich dieses Leben gewesen sei" (unbekannter Verfasser).

Marc Aurel (121-180), der römische Kaiser, gibt uns außerdem diesen Rat: „Tue deine Arbeit, aber nicht wie eine seelenlose Maschine oder wie einer, der bemitleidet oder bewundert werden will, sondern wolle nur das Eine: dich betätigen und stillhalten, wie es die Rücksicht auf die menschliche Gemeinschaft verlangt."

Was uns nämlich zusätzlich belastet, ist die Arbeitsatmosphäre, zum Beispiel der unausstehliche Nachbar, der gar nicht merkt, wie sehr er sich in den Mittelpunkt stellt, Ehrgeiz und Eifersucht, Rücksichtslosigkeit und schlechte Laune, Missverständnisse und Unverständnisse, Habsucht und Herrschsucht. Von der Habsucht und der Herrschsucht sagt Adolf Kolping (1813–1865), der „Gesellenvater": „Wenn es irgendeine Leidenschaft gibt, welche die Menschen zu beherrschen strebt und alle Kräfte in ihrem Dienst anzuspornen imstande ist, dann ist es die Habsucht und, damit sehr leicht verbunden, die Herrschsucht. Gelten, herrschen und dominieren wollen um jeden Preis und mit allen Mitteln ist eines der verbreitetsten sozialen Laster, welches ein ganzes Gefolge von Leidenschaften hinter sich herzieht."

*Die richtige religiöse Einstellung* – das Folgende kann

man auch einem erklärten Atheisten und einer ungläubigen Dame von Welt gegenüber betonen. Leute dieser Art sind versucht, einen religiösen Menschen zu verdummen. Das mögen sie tun, solange sie glauben, die Sinnfrage des Daseins ausschließlich von der Vernunft her beantworten zu können. Viele von uns wissen, wie bald der nur vernünftige Mensch am Ende ist mit seiner Weisheit. Die religiöse Einstellung eines Menschen zaubert zwar die Schwierigkeiten im Leben nicht weg, aber man sieht sie richtig. Sie verlieren an Schärfe. Vor allem werden sie als selbstverständliches Durchgangsstadium im Reife- und Werdeprozess eines Menschen entdeckt. Der Mensch lebt vom und durch den Widerstand. Man kann nur Treppen steigen, weil die Stufe dem Steigenden Widerstand leistet. Das Boot im See kommt nur vorwärts, weil das Wasser dem Ruder Widerstand leistet. So ist der Berg nicht bloß ein hässliches Hindernis, sondern wird zu einer Stufe. In diesem Sinne schreibt die blinde und taubstumme amerikanische Schriftstellerin Helen Keller (1880–1968): „Dem Reichtum unseres menschlichen Erlebens würde etwas vom Lohn der Freude verloren gehen, wenn wir keine Hindernisse zu überwinden hätten. Ohne das dunkle Tal und ohne den Aufstieg wäre die Gipfelrast nicht halb so herrlich."

Allmählich entdeckt man rückblickend, dass es nicht so wichtig ist, alle unsere Wünsche erfüllt zu sehen. Gott hat sich nicht verpflichtet, so für uns zu sorgen, dass es uns gut geht. Es klingt zwar (im ersten Moment wenigstens) grausig und herzlos: Von Gott her gesehen ist es unwichtig, ob ich gesund bin oder krank, Erfolge habe oder nicht. Wichtig ist nur, dass ich nicht verloren gehe. Dazu hat sich Gott verpflichtet, alles zu tun, dass ein Mensch nicht für immer scheitert.

Das gibt letztlich Abstand, beseitigt atmosphärische Störungen und schafft jenes seelische Klima, in dem man sich auch an kleinsten Kleinigkeiten freuen kann. Dann wird das Leben nicht nur erträglich, sondern sogar schön und heiter – auch nach dem Urlaub.

### Stehen, sitzen, laufen

Ein in der Meditation erfahrener Mann wurde einmal gefragt, warum er trotz seiner vielen Beschäftigungen immer so gesammelt sein könne. Dieser sagte: „Wenn ich stehe, dann stehe ich, wenn ich gehe, dann gehe ich, wenn ich sitze, dann sitze ich, wenn ich esse, dann esse ich, wenn ich spreche, dann spreche ich …"

Da fielen ihm die Fragesteller ins Wort und sagten: „Das tun wir auch, aber was machst du noch darüber hinaus?"

Er sagte wiederum: „Wenn ich stehe, dann stehe ich, wenn ich gehe, dann gehe ich, wenn ich sitze, dann sitze ich, wenn ich esse, dann esse ich, wenn ich spreche, dann spreche ich …"

Wieder sagten die Leute: „Das tun wir auch."

Er aber sagte zu ihnen: „Nein. Wenn ihr sitzt, dann steht ihr schon, wenn ihr steht, dann lauft ihr schon, wenn ihr lauft, dann seid ihr schon am Ziel …"

Zen-Geschichte

### Johannes und sein Rebhuhn

Der alte Apostel Johannes spielte gern mit seinem zahmen Rebhuhn. Eines Tages kam ein Jäger zu ihm. Er wunderte sich, dass Johannes, ein so angesehener Mann, spielte. Er hätte doch in der Zeit viel Gutes und Wichtiges tun können. Deshalb fragte er: „Warum vertust du deine Zeit mit Spielen? Warum wendest du deine Aufmerksamkeit einem nutzlosen Tier zu?"

Johannes schaute ihn verwundert an. Warum sollte er nicht spielen? Warum verstand der Jäger ihn nicht? Er sagte deshalb zu ihm: „Weshalb ist der Bogen in deiner Hand nicht gespannt?"

„Das darf man nicht", gab der Jäger zur Antwort. „Der Bogen würde seine Spannkraft verlieren, wenn er immer gespannt wäre. Wenn ich dann einen Pfeil abschießen wollte, hätte er keine Kraft mehr."

Johannes antwortete: „Junger Mann, so wie du deinen Bogen immer wieder entspannst, so musst du dich selbst auch immer wieder entspannen und erholen. Wenn ich mich nicht entspanne und einfach spiele, dann habe ich keine Kraft mehr für eine große Anspannung, dann fehlt mir die Kraft, das zu tun, was notwendig ist und den ganzen Einsatz meiner Kräfte fordert."

**Nach einer alten Erzählung**

# Mit dem Misserfolg leben

*„Nach jahrelangem Mühen muss ich gestehen: Es war alles vergeblich. Ich hatte nur Misserfolge. Die Kinder haben sich ganz anders entwickelt. Der berufliche Aufstieg ist nicht geglückt. Freundschaften sind zerbrochen. Wirtschaftlich ging es immer mehr bergab. Der innere Haushalt ist ein Durcheinander. Erfolg gleich Null! Was soll aus mir werden?"*

Wie viele klagen über eine Unzahl von Missgeschicken in ihrem persönlichen und beruflichen Leben: Eltern und Erzieher, Politiker und Diplomaten, Arbeitgeber und Arbeitnehmer ... Neidvoll reden sie davon, wie andere von Erfolg zu Erfolg eilen, während bei ihnen alles danebengegangen ist. Der Misserfolg, so sagen sie, sei zum Normalfall ihres Lebens geworden.

Die für jeden Menschen lebensentscheidende Frage heißt: Wie kann man mit dem Misserfolg fertig werden, wie kann man ihn am besten meistern? Zunächst scheint wichtig zu sein, den wirklichen oder scheinbaren Misserfolg, das Erstrebte, aber nicht Erreichte, zu sehen und einzugestehen: „Ich habe das und das nicht erreicht." Politiker tun das am Abend eines Wahltages, wenn sie nach vielen Wochen harten Ringens vor das Mikrofon oder die Kamera gebeten werden. Auch wenn es schwerfällt, müssen sie ehrlich zugeben: „Wir haben unser Ziel nicht erreicht. Wir haben uns getäuscht!"

Man muss zu seinem Misserfolg stehen. Statt von Misserfolg können wir auch von „Schatten" sprechen. Jeder Mensch hat seinen Schatten, muss mit ihm leben, ihn annehmen. Wer dies nicht kann bzw. will, besteht das Leben nicht. Im alten kaiserlichen China wird folgende nachdenkenswerte Legende erzählt:

„Ein Mann hatte eine seltsame Eigenschaft. Wenn er ausging und die herrliche Natur genießen wollte, sah er immer seinen Schatten neben sich und hinter sich. Die Sonne stand am abendlichen Himmel und warf nun einmal Schatten auf alles, was lebt und sich bewegt. Bäume, hohe Pflanzen, Bambusstauden, Elefanten, Tiere jeglicher Art – alles und alle warfen ihren Schatten. Er jedoch, unser abendlicher Wanderer, wollte eine Ausnahme machen. Er wollte keinen Schatten werfen, schattenlos leben und gehen. Er lief und lief, so schnell er laufen konnte, um seinem Schatten zu entfliehen. Aber der Schatten ließ ihn nicht los. Er sprang genauso schnell wie der Wanderer. Dann kam das bittere Ende. Todmüde und völlig erschöpft sank er zu Boden, musste das Leben lassen. Er konnte nicht Ja sagen zu seinem Schatten."

Der erste Schritt heißt also: grundehrlich sein, eingestehen, was ist! Wir dürfen uns dabei auf ein wunderbares Wort Jesu berufen: „Die Wahrheit wird euch frei machen!" (Joh 8,32).

Ein zweiter Schritt sollte folgen: Man muss sich Zeit nehmen, um den Misserfolg auszuleiden. Misserfolg tut weh, eine Niederlage schmerzt mehr als stundenlange Migräne. Aber wie oft kann man feststellen, dass es mit einem Menschen aufwärtsgeht in dem Augenblick, in dem er zugibt: Es tut mir weh, dies oder jenes nicht mehr zu können. Christus ist uns mit gutem Beispiel vorangegangen. Er hat gestöhnt unter seinen Misserfolgen (Mk 9,39; Lk 12,50). Gleiches taten die Propheten, die Sänger der Psalmen und die Apostel, besonders Paulus – im ersten und zweiten Korintherbrief. Sie zogen sich zurück in die Stille, gaben ihren Gefühlen freien Lauf und suchten das Gespräch mit Gott. In der Stille kann einem „ein Licht aufgehen". Da kann man entdecken, dass in unserer heillosen Welt nicht der Erfolg, sondern der Misserfolg der Normalfall ist. Wie viele Misserfolge müssen Erzieher, Politiker, Diplomaten, Eltern und nicht zuletzt alle, die im kirchlichen Bereich arbeiten, in Kauf nehmen! Wer sich über Misserfolge wundert, ist naiv. Er braucht eine Portion Realismus, eine nüchterne Schau des Lebens.

Damit sind wir bei einem dritten Schritt angekommen: das Ja zum Willen Gottes. Es ist verständlich und natürlich, dass ein Mensch etwas im Leben erreichen und vorweisen will. Aber vor Gott entscheidet nicht das Nachweisbare und Erreichte, sondern das Ja zu dem, was Er gerade jetzt – in dieser Stunde – von mir fordert. Georg Moser (1923–1988) fügt ergänzend hinzu: „Wenn wir Ja sagen …, dann sagen wir nicht Ja zu irgendeinem

Schicksal, dann sagen wir kein blindes und kein törichtes Ja, vielmehr ein vertrauendes Ja zum Willen des Vaters. So können wir tapfere, hoffnungsfrohe Menschen sein."

Nicht durch Gescheitheit und Glanzleistungen wird der Mensch gerettet, sondern durch den Gehorsam, wie ihn Paulus im Philipperbrief (2,5–8) am Beispiel Christi beschreibt: „Seid untereinander so gesinnt, wie es dem Leben in Christus entspricht: Er war Gott gleich, hielt aber nicht daran fest, wie Gott zu sein, sondern er entäußerte sich und wurde wie ein Sklave und den Menschen gleich. Sein Leben war das eines Menschen; er erniedrigte sich und war gehorsam bis zum Tod, bis zum Tod am Kreuz."

Eine letzte Frage bleibt zu stellen: Wo steht eigentlich geschrieben, dass das, was wir als Misserfolg ansehen, auch in den Augen Gottes ein Misserfolg ist? Was wir heute als Unglück, Elend, Jammer und Not ansehen, erscheint vielleicht nach Jahrzehnten – spätestens aber, wenn wir zu Gott kommen – als großes Glück, und wir freuen uns über die scheinbaren Misserfolge.

Seit der Passion Christi am Kreuz hat das Leben seinen Sinn auch bei Fehlleistungen. Wie oft wurde die Karriere nach unten zu einer Karriere nach oben! Der biblische Beweis dafür steht im urchristlichen Hymnus des Philipperbriefes: „Darum (weil der Herr gehorsam war bis zum Tod) hat Gott ihn über alle erhöht" (Phil 2,9). Die Mathematik Gottes ist anders als die unsrige.

82

Gott kann die schlimmsten Misserfolge in Erfolge verwandeln. Man muss ihn nur ausreden lassen.

Ich bin „jemand", auch wenn ich nichts Greifbares vorzuweisen habe. Christus hat sich geißeln, anspeien, verhöhnen, ja kreuzigen lassen. Seitdem ist das Lassen vielfach wichtiger als das Tun. Wer zu seiner Passivität Ja sagt, geht auf die höchste Aktivität zu. Hören wir noch einmal Georg Moser. Er antwortet dem, der sagt, alles sei ihm im Leben danebengegangen, er sei eine bloße Null, dieses: „Eine Null? Es mag stimmen, dass du wenig – oder noch nichts – hervorgebracht hast, was vor dir selber und deiner Mitwelt bestehen kann. Dennoch bist du keine Null, nicht irgendeiner, der sich für den ‚letzten Dreck' halten müsste. Du bist Gottes geliebtes Kind. Gott zeichnet eine Eins vor deine Null."

Es kommt also nicht darauf an, dass wir im Leben etwas erreichen, dass wir Leistung, Erfolg, Gesundheit, Prestige und Ansehen vorweisen können. Einzig entscheidend ist, dass wir Frucht bringen (Joh 15,17). Seit der Auferstehung des Herrn wissen wir: Bei Gott zählen nicht die Siege, sondern die aufgearbeiteten Niederlagen. Nicht die Leistungsbilanz ist wichtig, sondern die Lebensbilanz. Phil Bosmans schreibt: „Der ganze Baum von unten bis oben, alles von der Wurzel bis zur Spitze ist ausgerichtet auf die Frucht. So soll es auch beim Menschen sein. Alles in ihm, sein ganzes Wesen, sein ganzes Tun und Lassen, soll ausgerichtet sein auf die Frucht. Die

Frucht aber ist die Liebe. Im Evangelium geht es nicht darum, dass der Mensch Erfolg hat, sondern dass der Mensch Frucht bringt. Erfolg, den genießt man selber. Frucht, davon leben andere."

Nach einem bekannten Wort misst uns Gott am Ende unserer Tage nicht an unserem Erfolg und er legt sein Maßband auch nicht um unseren Kopf, nein, er legt es um unser Herz. Dann zählt nicht, was wir im Leben erreicht haben, welche Ehre uns zuteilgeworden ist, was wir zusammengeschafft und zusammengerafft haben, sondern es zählt einzig und allein nur die Liebe!

### Zielstrebig

Bei den Olympischen Spielen von Helsinki stürzte während des 5.000-Meter-Laufs der Engländer Chataway, der zuvor geführt und schon als Sieger gegolten hatte.

Er blieb nicht verzweifelt am Boden liegen. Er ging nicht weinend von der Aschenbahn. Er stand wieder auf und lief – ein Lächeln auf dem Gesicht – hinter den drei Siegern her als Fünfter durchs Ziel.

Am nächsten Tag schrieb eine finnische Zeitung: „Der eigentliche Sieger war Chataway. Er hat in seiner Niederlage über sich selbst gesiegt."

Überliefert

## Der Supermarkt der Engel

Die Nachricht verbreitet sich blitzschnell in der ganzen Gegend: Engel haben einen gewaltigen Supermarkt eröffnet. Die größten, ausgefallensten Bedürfnisse werden dort befriedigt. In ein paar Tagen könne jeder seinen Wunschzettel einlösen.

Die konsumbegierigen Bürger machen sich ans Werk und schreiben ihre Wünsche nieder. Eine bessere Welt wollen alle: mehr Frieden, freundlichere Mitmenschen. Manche wollen eine gerechtere Verteilung der Güter dieser Welt. Eltern erwarten folgsamere Kinder, Jugendliche mehr Verständnis bei den Erwachsenen. Dreimal unterstrichen steht überall der Wunsch nach mehr Menschlichkeit zu Hause, in Schule und Betrieb. Vollbepackt mit guten Wünschen, stürmen sie den Supermarkt. Das Bild gleicht einem Sommer- oder Winter-Schlussverkauf.

Die Überraschung der Leute ist groß. Die Engel nehmen alle Wunschzettel freundlich entgegen: „Das alles könnt ihr haben – aber wir verkaufen nicht die Früchte, nur den Samen!"

**Verfasser unbekannt**

## Die drei Fragen des Königs

Es dachte einmal ein König, er würde alles richtig machen, wenn er nur die rechte Zeit wüsste, in der er ein Werk zu beginnen habe; und wenn er immer wüsste, mit welchen Menschen er sich einlassen solle und mit welchen nicht; und wenn er immer den Überblick habe, welches von allen Werken das wichtigste sei.

Er rief die gelehrten Männer seines Landes zusammen, aber sie gaben ihm unterschiedliche Antworten, die ihn nicht befriedigten. Da beschloss er, einen Einsiedler zu befragen, dessen Weisheit in großem Rufe stand.

Der Einsiedler grub gerade die Beete vor seiner Hütte um und machte einen erschöpften Eindruck. Darum nahm ihm der König den Spaten ab und grub Stunde um Stunde die Erde um, während sich der Einsiedler in Schweigen hüllte.

Gegen Abend kam aus dem Wald ein bärtiger Mann, der schwer verwundet war. Der Einsiedler und besonders der König pflegten ihn, so gut sie konnten. Darüber wurde es Abend. Schließlich war der König so ermüdet, dass er auf der Schwelle einschlief.

Im Morgengrauen gestand ihm der bärtige Mann mit schwacher Stimme, er habe ihn wegen des Todesurteils an seinem Bruder töten wollen, aber jetzt habe er ihm das Leben gerettet; darum wolle er mit seinen Söhnen ihm ein Leben lang dienen.

Der König verzieh ihm, versprach ihm, seinen Arzt zu

schicken, und suchte wieder den Einsiedler, um ihm seine drei Fragen vorzulegen. „Du hast doch deine Antwort schon bekommen", erwiderte der Einsiedler. „Hättest du mir gestern nicht die Arbeit abgenommen, hätte dieser Mann dich überfallen. Somit war die richtige Zeit jene, in der du meine Beete umgrubst, und ich war der wichtigste Mann, und das wichtigste Werk war, mir Gutes zu tun. Danach war die wichtigste Zeit, den verwundeten Mann zu pflegen; sonst wäre er verblutet, ohne sich mit dir zu versöhnen. Da war er für dich der wichtigste Mensch und das, was du ihm getan hast, das wichtigste Werk.

Merke dir also: Die wichtigste Zeit ist immer der Augenblick.

Der wichtigste Mensch ist immer der, mit dem uns der Augenblick zusammenführt.

Und das wichtigste Werk ist immer, ihm Gutes zu erweisen – nur dazu ward der Mensch ins Leben gesandt."

**Nach Leo N. Tolstoi**

# Partnerschaft ist lernbar

> *„Eine sonnenlose Kindheit liegt hinter mir. Von meinen Eltern, die sich nicht verstanden haben und nach fünf Jahren Ehe auseinandergegangen sind, habe ich keinen Funken Liebe erfahren. Es ist schlimm, wenn man ohne Zuwendung und Geborgenheit aufwachsen muss. Seit Kurzem bin ich nun selber verheiratet und wünsche mir, dass ich mit meiner Frau eine gute und glückliche Ehe führen kann. Auf was muss ich da besonders achten?"*

Eine für jede Ehe ganz wichtige Frage ist hier gestellt. Was muss, was kann ich tun, um eine glückliche Partnerschaft zu führen? Vor dieser Frage stehen alle, die sich an einen anderen Menschen gebunden haben und mit ihm gemeinsam durchs Leben gehen wollen. Es ist nicht einfach, hier gut zu raten. Dennoch sollen hier – so behutsam wie möglich – einige Schritte genannt werden, die sich im Leben bewährt haben.

Ganz allgemein lässt sich zunächst sagen: Mann und Frau sollten sich in der Ehe stets um die richtige menschliche Atmosphäre bemühen. Das Menschliche im Zusammenleben ist so notwendig wie das tägliche Brot. Ja, eine echte menschliche Atmosphäre ist oft wichtiger als Essen und Trinken. Wenn sie fehlt, schmeckt einem sowieso nichts mehr. Was eine solche Atmosphäre schafft, sind manchmal winzige Kleinigkeiten. Aber gerade diese sind es, die das Zusammenleben in einer Ehe schön machen können. Ja, sie sorgen dafür, dass das Miteinander auch schön bleibt.

Was heißt das konkret? Dazu drei Vorschläge. Erstens: Wir sollten dem Ehepartner hin und wieder ein kleines *Geschenk* machen. Der andere merkt daran, wie gern wir ihn haben, wie gut wir uns in ihn hineinversetzen können und ihm eine Freude machen wollen, wie sehr wir ihn in seinem Wesen und Wert anerkennen und bestätigen. Es wird uns nicht schwerfallen zu erraten, was unseren Partner erfreuen könnte. Es soll ja nur eine Kleinigkeit sein! Die am meisten vergessenen Geschenke sind vielleicht die kostbarsten. Wie wenig braucht es, um einem Menschen wehzutun, wie wenig braucht es aber auch, um ihn von Herzen froh zu machen. Würde immer wieder der Versuch gemacht, den geheimen und geheimsten Wunsch des anderen zu erraten, unsere Ehen und Familien – aber auch unsere Büros, Betriebe, Schulen, Gemeinden – wären nicht wiederzuerkennen. Ein erfahrener Ehe- und Lebensberater hat einmal gesagt: „Erraten ist der Ruhm der Liebe!" Das kleine Geschenk muss nicht viel gekostet haben. Entscheidend ist nicht der Waren-Wert, sondern der Zeichen-Wert. Es kommt darauf an, dass der andere spürt: Da ist jemand, der mich mag, der mir eine Freude bereiten will. Das eigentliche Geschenk ist nicht das Geschenkte, sondern der Schenkende! „Mensch, ich hab dich gern", schreibt Phil Bosmans, der flämische Ordenspriester und Lebensberater aus Antwerpen, „sag es weiter mit Worten oder ohne Worte! Sag es mit einem Lächeln, mit einer Geste der Versöhnung, mit einem Händedruck, mit einem Wort der Anerkennung, mit einer Umarmung, mit einem Kuss, mit einem Stern in deinen Augen! Sag es weiter mit tausend kleinen Aufmerksamkeiten, jeden Tag aufs Neue: ‚Ich hab dich so gern.‘"

Eine zweite Anregung: Wir sollten gegenüber dem Ehepartner stets *dankbar* sein. Das heißt: Wir sollten nichts für selbstverständlich hinnehmen, was er uns zuliebe tut. Das Zusammenleben in der Ehe lebt vom Danken, und danken kommt von denken. Wer nicht denken kann, kann auch nicht danken. Bei diesem Denken ist das „Denken mit dem Herzen" (nicht mit dem Verstand) gemeint. Wer mit dem Herzen denkt, weiß: Ein Tag ohne Liebe ist ein verlorener Tag – ein Tag ohne Dank ebenso!

„Dummheit ist das große Hindernis der Liebe", heißt ein weises und nachdenkenswertes Kalenderwort. Das gespannteste Klima wird entspannt, wenn jemand aufrichtig zum anderen sagt: „Du, ich danke dir vielmals – das hast du aber großartig gemacht – du bist so gut zu mir!" Danken und loben müssen irgendwie wahrnehmbar sein, optisch oder akustisch. Sagen wir darum nie: „Das kann ich nicht. Das geht mir nicht über die Lippen. Das kann ich nicht zeigen!" Wer so spricht, dem fehlt noch ein gehöriges Maß an Selbsterziehung!

Drittens: Eheleute sollten einander gute *Zuhörer* sein!

Es ist etwas Wichtiges für ein harmonisches und glückliches Zusammenleben, wenn der eine den anderen anhört, ihn ausreden lässt, ihn nicht ständig mit seinen eigenen Gedanken und Worten unterbricht. Zuhören können ist eine Gabe, um die sich jeder in einer Ehe bemühen muss. Wir werden an den Augen unseres Partners ablesen können, wie zufrieden er ist, wenn er alles aussprechen darf, was ihn beunruhigt, quält oder beglückt. Jeder sollte für den anderen eine Art „Gepäckabgabe" sein. Wer in einer glücklichen Ehe lebt, weiß, wie wichtig, ja wie lebenswichtig, dies ist.

Dieses menschliche Klima – also das Erraten dessen, mit dem ich dem anderen eine Freude machen kann, das Danken und das Zuhören – ist so notwendig wie das tägliche Brot. Jeder der beiden Ehepartner kann, ja muss dabei mithelfen, dass dieses Klima immer vorhanden ist.

Ein schlichtes Kalenderwort sagt nicht das Dümmste: „Ein bisschen mehr Liebe – und weniger Streit, ein bisschen mehr Güte – und weniger Neid, ein bisschen mehr wir – und weniger ich, ein bisschen mehr Kraft – nicht so zimperlich, und viel mehr Blumen während des Lebens, denn auf den Gräbern, da sind sie vergebens!"

Eine Frau, so berichtet Georg Moser, schrieb ab und zu auf die Vespertüte ihres Mannes: „Einen ganz lieben Kuss!" In seinem Büro warf der Mann dann die Tüte jedesmal in den Papierkorb. Eines Tages konnte sich die Sekretärin, eine alleinstehende Frau, nicht mehr halten und bemerkte rügend: „Wie kann ein Mensch so etwas einfach wegwerfen?" Ja, die Frage ist berechtigt. Aber fragen wir uns selbst: Werfen nicht auch wir immer wieder ein Zeichen der Menschlichkeit weg?

Schätzen wir den Gruß des Partners oder der Kinder am Morgen? Erwidern wir ihn freundlich oder antworten wir vielleicht nur automatisch? Sind es doch gerade die kleinen Aufmerksamkeiten, die das Leben schön machen!

Partnerschaft ist lernbar. Weil sie eine hohe Kunst ist, braucht man für sie Zeit und Disziplin. Wer sich nicht „im Griff" hat, wird kaum den Überstieg vom Ich zum andersartigen Du schaffen. Man muss sich darum hin und wieder eine Stunde Zeit nehmen, um seine Partnerschaft in Ruhe zu überprüfen! Eheleute sollten sich in dieser Stunde eine Reihe von Fragen stellen, die ihre Ehe lebendig halten bzw. sie zu neuem Leben erwecken können. Zum Beispiel: Besitze bzw. bewahre ich ein Gespür für das Einmalige meines Partners? Erwarte ich etwas von meinem Ehegatten, das er aufgrund seiner Begabung, Ausbildung oder Vergangenheit nicht bieten kann? Gebe ich meinem Partner die notwendige persönliche Freiheit oder binde ich ihn wie mit Handschellen an mich selbst, sodass er nicht mehr er selbst sein kann? Sorge ich in meiner Ehe in der rechten Weise für Abwechslung und Höhepunkte, für Erholung und Freizeit, für Frohsinn und Spiel? Lasse ich es an Aufmerksamkeiten fehlen – beim Abschiednehmen am Morgen, bei der Rückkehr am Abend, bei gedrückter Stimmung, in Krankheit, am Geburtstag? Zeige ich Interesse an den täglichen (beruflichen oder hausfraulichen) Tätigkeiten meines Partners? Bete ich mit meinem Ehegatten? Bemühen wir uns um religiöse Vertiefung? Versuche ich, die gemeinsamen Aufgaben mit meinem Partner auch gemeinsam zu lösen? Bin ich zu feige, etwas einzugestehen und Fehler an mir zu berichtigen?

Auch wenn das Ergebnis nur in einer unscheinbaren und winzigen guten Tat gegenüber dem Ehepartner besteht, hat sich die Mühe bereits gelohnt. Es kommt ja nicht darauf an, dass man alles tut, was man an sich tun könnte, sondern dass man etwas tut. Jede noch so kleine Tat ist ein wichtiger Schritt nach vorn.

**Da sagte der liebe Gott ...**

Wieder einmal waren der liebe Gott und Petrus auf Wanderschaft durch die Regionen der Erde. Und weil sie sich verlaufen hatten, fragten sie einen Schäfer, der faul auf dem Rücken lag und sich ausruhte. Weil er zu bequem war, auch nur den Mund aufzumachen, hob er bloß seinen rechten Fuß ein kleines bisschen in die Höhe und zeigte damit die Richtung, in die der Weg weitergehe.

Petrus war empört: „Was für ein fauler Kerl! Nur gut, dass man solche Leute nicht alle Tage trifft. Das könnte einem ja die Freude an den Menschen verderben!"

Gottvater schmunzelte, sagte aber kein Wort. Kurze Zeit darauf trafen sie ein Mädchen, das fleißig auf dem Feld arbeitete. Sie fragten es nach dem Weg – und es war gerne bereit. „Ihr könnt euch hier leicht verlaufen. Ich will lieber ein Stück mit euch gehen ..." Es legte die Hacke hin und begleitete die beiden ein ganzes Stück Weges.

Als sie wieder allein waren, sprach Petrus: „Welch ein nettes und fleißiges Mädchen, so zuvorkommend und dabei so frisch und sauber! Die muss aber auch einen guten Mann kriegen!" Da sagte der liebe Gott: „Sie kriegt den Faulpelz von Schäfer!" „Was", rief Petrus, „den faulen Schäfer? Warum denn das?" „Der eine muss den anderen ergänzen", sagte der Herr und schmunzelte ...

**Westfälische Legende**

**Ich bitte um Kraft für den Alltag**
Guter Gott,
ich bitte nicht um Wunder und Visionen,
sondern um die Kraft für den Alltag
in unserer Ehe.
Lass mich immer wieder herausfinden
aus dem täglichen Trott,
aus dem manchmal ermüdenden
Einerlei und Vielerlei,
aus Langeweile und Ärger!

Lass mich täglich neu
zu meinem Partner finden
und zu mir selbst!
Hilf mir dazu!
Amen.

# Großeltern sind ein Segen

*„Im vergangenen Jahr sind wir endlich Großeltern geworden. Wir hatten uns so sehr auf unser Enkelkind gefreut. Und nun, ein Jahr später, haben wir ständig Streit mit unserem Sohn und unserer Schwiegertochter. Sie meinen, wir verwöhnen das Kind zu sehr, und denken, es würde durch uns und unser Verhalten völlig verzogen. Aber ist es denn so verkehrt und unnormal, dass ein Kind bei den Großeltern mehr Freiheiten hat als bei den eigenen Eltern? Können wir als Großeltern denn für unser Enkelkind wirklich so schlecht sein? Ich weiß nicht mehr, ob wir eine falsche Einstellung haben oder nicht …"*

Trotz gelegentlicher Unstimmigkeiten zwischen älterer und jüngerer Generation gibt es keinen Zweifel daran: Noch nie waren Großeltern für eine Familie eine so wertvolle Hilfe wie gerade in der heutigen Zeit. Jedes zweite unter sechs Jahren alte Kind einer berufstätigen Mutter wird heute in Deutschland von der Oma oder/und vom Opa betreut. Die Großeltern kochen, füttern und trösten, sie erzählen, lesen vor oder gehen mit zum Spielplatz.

Welch ein Segen es ist, eine Oma und einen Opa zu haben, das erfährt man wiederholt gerade von den Frauen, die keine mehr haben. Sie würden sich glücklich schätzen, wenn sie ihre Kinder einmal beruhigt den Großeltern überlassen könnten, wenn sie nicht zu jedem

Friseurbesuch und zu jedem Einkaufsgang die Kleinen und Kleinsten mitnehmen müssten, wenn sie nicht gezwungen wären, bei Urlaub, Krankheit oder Umzug immer nach einer hilfreichen Nachbarin oder einem Babysitter Ausschau zu halten.

Dass auf der anderen Seite viele Ehepaare die Großeltern als ein großes Problem in der Erziehung ihrer Kinder betrachten, liegt nicht zuletzt daran, dass sie fürchten, ihre Jungen und Mädchen würden zu sehr von Oma und Opa verwöhnt und „verzogen". „Wenn die Großeltern doch endlich begreifen würden, welchen schlechten Dienst sie ihren Enkeln mit der ganzen Verwöhnerei, mit der verkehrten Nachsicht und mit dem ständigen Umsorgen erweisen!", hört man sie stöhnen. Zugegeben: Es kann passieren, dass Großmutter und Großvater ihre Enkel verwöhnen, ihnen so manchen Willen erfüllen und ihnen hier und da etwas Besonderes zukommen lassen. Auf ein zweites Eis kommt es ihnen nicht an; auch die Tüte Bonbons, das entzückende Püppchen, die Fahrt mit dem Karussell oder das neueste Comic-Heft sind von Oma und Opa leichter zu bekommen als von Vater und Mutter.

Wie aber würden diese mit den Erziehungsgrundsätzen nicht einverstandenen Eltern erst klagen, wenn sie niemanden für ihre Kinder zur Verfügung hätten, wenn sie auf Theater, Kino, Besuche oder Einladungen gänzlich verzichten und teure Kinderheime oder Tagesstätten bezahlen müssten! Was würden erst – trotz „drohender" Verwöhnung – die Berufstätigen unter den Müttern machen, wenn sie keine Großmutter und keinen Großvater hätten, die tagsüber auf die Kleinen aufpassen könnten?

Erfahrene Erzieher haben wiederholt versichert, dass die Vorteile, eine Oma oder einen Opa in der Nähe zu haben, die gelegentlich geäußerten Nachteile – Verwöhnung, Nachgiebigkeit, Großzügigkeit, Einmischung u. a. – bei Weitem überwiegen. Keine Aufwartefrau, kein Babysitter und kein Kinderhort können einem Kind so viel Zuwendung und Liebe geben wie eine gute Großmutter und ein guter Großvater. Kinder erinnern sich später sehr deutlich an ihre glücklichen Stunden und Erlebnisse mit den Großeltern. Es ist schön, wenn Großeltern Zeit und Ruhe haben, um für ihre Enkelkinder zu sorgen, um mit ihnen zu spielen, ihnen zuzuhören, für sie da zu sein. Manche Großeltern versichern, für ihre eigenen Kinder nicht so viel Zeit gehabt zu haben wie für ihre Enkelkinder. Für die Kinder ist diese Erfahrung von unschätzbarem Wert. Großeltern sind sehr häufig schon von den Zwängen des Alltags befreit. Sie bieten dem Kind einen geschützten Lebensraum, in dem es sich entfalten kann. Dieser Lebensraum, gefüllt mit Geduld, Zeit und Liebe, ist für die Erziehung eines Kindes von großer Bedeutung. Friedrich Fröbel (1782–1852), ein Mitarbeiter Pestalozzis, hat einmal gesagt: „Lasst uns mit unseren Kindern leben!"

Ein Bericht, den die staatliche Gesundheitsbehörde Großbritanniens vor einigen Jahren in London veröffentlichte, besagt: Kinder, die in der Obhut von Großeltern aufwachsen, sind ihren Altersgenossen in der seelischen und charakterlichen Entwicklung weit voraus. Sie haben einen größeren Wortschatz, formulieren besser und erfassen schneller Begriffe und Zusammenhänge. Wer will angesichts eines solchen Tatbestandes noch allen Ernstes leugnen, dass Großeltern für eine Familie von großem, ja von unschätzbarem Wert sein können! Viele Großmütter und viele Großväter tragen heute mehr zu einer positiven Entwicklung der ihnen anvertrauten Kinder bei als manche abgehetzte Mutter und mancher ungeduldige Vater. Christa Meves, die bekannte Psychotherapeutin und Großmutter mehrerer Enkel, schreibt in ihrem Taschenbuch „Das Großeltern-ABC": „Es ist eine großartige Sache, wenn ein Kind Großeltern hat. Denn eins brauchen unsere Kinder im unnatürlichen Leben unserer Zeit dringlicher denn je, wenn sie angstlos aufwachsen sollen: dass sie beschützt und geborgen sind." „Wenn Großeltern mit auf dem Posten stehen", so sagte einmal eine erfahrene Lebensberaterin, „dann braucht man um die Zukunft keine Angst zu haben. Dann wird es eines Tages weniger Kriminelle und Chaoten geben, die ihr schutzloses Ausgeliefertsein in der eigenen Kindheit in blanken Hass verwandeln und auf alles und jedes in der Gesellschaft projizieren!"

Doch nicht nur die Großeltern bereichern das Leben der Enkel. Auch umgekehrt gilt: Die Enkel geben dem Leben der Großeltern Sinn und Inhalt. Enkel steigern die Lebensfreude der Großeltern, kurz: Sie machen Oma und Opa wieder jung. Durch den Umgang mit der jungen Generation blühen die Großeltern wieder auf. Sie finden die menschlichen Begegnungen, die ihrem Alter Sinn und Erfüllung geben. Ein weises Wort lautet: „Im Umgang mit der Jugend besteht das Elixier zur fortwährenden Lebendigkeit im Alter." Dass Enkel wirklich wieder jung machen, hat eine Großmutter in einem Brief wie folgt beschrieben:

Einige Zeit vor Weihnachten überraschten mich die Kinder mit einer ungewöhnlichen Bitte. „Dieter", sagte meine Schwiegertochter Christine, „muss plötzlich über Weihnachten eine Vertretung in der Schweiz übernehmen. Ich würde ihn gern begleiten. Könntest du wohl die Kinder zu dir nehmen?" Natürlich war ich zuerst enttäuscht. Wie sehr hatte ich mich auf das Weihnachtsfest bei meinen Kindern und Enkeln im Taunus gefreut! Endlich einmal ausspannen nach den hektischen und anstrengenden Tagen im Geschäft. Raus aus dem Großstadtrummel! Nichts zu tun haben, als mit den Kleinen zu spielen und mit ihnen durch die verschneiten Wälder zu rodeln. Aber schließlich gab ich mir einen Ruck und sagte zu. Am nächsten Tag sah die Sache für mich schon anders aus und ich fing an, mich darauf zu freuen. Ich lief durch die Stadt und machte Weihnachtseinkäufe. Eine richtige große Bescherung wollte ich meinen Enkeln bereiten, genau wie früher, als unsere Kinder noch klein waren.

Ich kaufte und kaufte und merkte gar nicht, dass meine Brieftasche immer dünner wurde. Einen Weihnachtsbaum hatte ich auch schon lange nicht mehr gehabt. Nun suchte ich eine große Edeltanne aus und ließ sie mir nach Hause bringen. Jetzt geriet ich in eine richtige Weihnachtsstimmung. Ich backte Plätzchen – das hatte ich viele Jahre nicht mehr gemacht –, stieg in den Keller und holte die Kugeln und Strohsterne, fand auch noch eine Weihnachtspyramide. Bekannten, die mich für die Festtage einladen wollten, sagte ich ab: „Ich kann nicht kommen, meine Enkel besuchen mich zum Weihnachtsfest!" Und ich sagte es so froh, wie es mir wirklich aus dem Herzen kam. Als die Enkel kamen, war das Weihnachtszimmer fast fertig und gut verschlossen. Mit dem geschmückten Tannenbaum und den Spielsachen darunter sah es aus wie früher, als mein Sohn noch klein war. Es bleibt noch zu sagen, dass es für mich eines der schönsten Weihnachtsfeste meines Lebens wurde – allein mit meinen Enkeln. Ich fühlte mich um viele Jahre zurückversetzt und wieder jung wie in den ersten Jahren unserer Ehe. Als die Kleinen schliefen, schlich ich noch einmal an ihre Betten, wie ich es früher bei meinen Kindern getan hatte. Sie hatten rote Wangen und einen glücklichen

Ausdruck in ihren kleinen Gesichtern. Gabi hielt ihre neue Puppe fest im Arm und Stephan träumte gewiss von seinem neuen Fahrrad. Selten ist es mir so wie an diesem Weihnachtsabend bewusst geworden, wie schön es ist, Großmutter zu sein.

Es gibt also keinen Zweifel daran: Enkel machen wieder jung, steigern die Lebensfreude der Großeltern, halten Oma und Opa auf Trab. Viele Menschen blühen wieder auf, wenn sie einen Säugling im Arm halten. Wem täte das Streicheln, das herzliche Willkommen und das andächtige Zuhören nicht wohl! Und die Briefmarkensammlung wird doppelt interessant, wenn junge Augen sie mitbetrachten!

### Reine und selbstlose Liebe

Wer vermag reiner und selbstloser zu lieben als der Betagte, wer besser in Ruhe zu sprechen, wer gelassener die Wirren der Zeit zu überschauen? Er ist nun zu sich selbst gekommen und darf auf den Schein verzichten. Er weiß, dass es besser ist zu verstehen, als zu verachten. Und es ist kein Zweifel, dass ein Verstehen, wenn es auf dem Boden der Erfahrung an unserem eigenen widerspruchsvollen Ich erwuchs und keinen Menschen als fertig, jeden vielmehr als Werdenden ansieht, nicht in Verzweiflung endet.

Albert Schweitzer (1875–1965)

## Der Besuch

Wenn meine Großmutter ihre Mutter besuchen wollte, brauchte sie dafür drei Tage: Einen Tag fuhr sie mit Bekannten in der Pferdekutsche hin, einen Tag blieb sie dort, erzählte und erfuhr das Neueste, half in der Küche oder im Garten. Am dritten Tag fuhr sie heim.

Wenn meine Mutter ihre Mutter besuchen wollte, brauchte sie dafür zwei Tage: Sie fuhr mit dem Zug. Wenn sie Glück hatte, bekam sie Anschluss. Sie erzählte und erfuhr das Neueste, übernachtete dort und fuhr am nächsten Tag zurück.

Wenn wir zu meiner Mutter fahren, brauchen wir dafür mit dem Auto eine halbe Stunde. Lange können wir aber nicht bleiben, denn die Kinder werden unruhig, und wir wollen ja noch die neue Standuhr abholen, und außerdem müssen wir noch unbedingt schnell die Papiere zum Steuerberater bringen.

Wenn mich meine Kinder besuchen wollen?

**Verfasser unbekannt**

# Von den Kindern lernen

> *„Jesus hat einmal ein Kind in die Mitte seiner*
> *Jünger gestellt und ihnen gesagt: ‚Wenn ihr nicht*
> *umkehrt und wie die Kinder werdet, könnt ihr*
> *nicht in das Himmelreich kommen‘ (Mt 18,3). Sagt*
> *Jesus dies nicht auch uns? Je älter ich werde, umso*
> *mehr muss ich darüber nachdenken. Wie die Kinder*
> *werden – was bedeutet das? Oder anders gefragt:*
> *Wie sind eigentlich Kinder? Und: Was können wir*
> *‚Großen‘ von ihnen lernen?“*

Wir Erwachsenen können von Kindern ungeheuer viel lernen. Da, wo Kinder auftauchen, bekommt alles ein frisches und natürliches Gesicht – voller Farbe, Wärme und Leben. Was steckt nicht alles in einem Kind, was wir Großen längst verloren haben! Und darum sollten wir Erwachsenen immer wieder versuchen, in die Kinder hineinzuhorchen und von ihnen zu lernen. Kinder können launisch und eigensinnig sein – wie Maulesel. Das weiß jeder, der mit ihnen zu tun hat. Sie sind aber auch ebenso köstlich und herzlich, erfrischend und erquickend. Kinder haben nur ein Gesicht. Sie können sich nicht verstellen und wissen nicht, was Heimtücke und Arglist sind. Sie sind zutraulich und empfänglich für alles Gute und Schöne. Manche ihrer Aussagen empfindet man noch nach langer Zeit als Geschenk. Ein Lehrer berichtet: „Einmal sagte ich zu einem Kind, das mir wiederholt einen Gefallen getan hatte: ‚Du bist immer so lieb. Was kann ich dir schenken?' – Darauf die Kleine: ‚Mir brauchen Sie nichts zu schenken. Mir reicht's, wenn Sie mich mögen!' Diese kleine Begebenheit geschah vor zehn Jahren, aber ich habe sie bis zum heutigen Tag nicht vergessen."

Vor gar nicht langer Zeit schrieb eine Ordensschwester (Erzieherin im Kindergarten) einen Brief, in dem es um verschiedene Erziehungsprobleme ging. Es fand sich darin eine kleine Geschichte, die sehr beeindruckt und zum Nachdenken anregt. „Wir hatten kürzlich", schrieb die Schwester, „in unserem Kindergarten ein Fest. Es gab einen offiziellen Teil, in dem die Kinder verschiedene Darbietungen aufführten, und es gab einen weniger offiziellen Teil: Da machten wir miteinander Unfug. Wir spielten ‚Hoppe, hoppe, Reiter' und sangen das Lieblingslied des Kasperle: ‚Halli, hallo, ich hüpfe wie ein Floh'. Plötzlich stupste mich ein kleines Mädchen am Arm. Die kleine ‚Grott' hatte es ganz wichtig mit dem, was sie mir mitteilen musste. Sie strahlte mich an und sagte: ‚Du, dich mag ich!' Wir haben uns einen Moment angeschaut, und dann habe ich gesagt: ‚Ich dich auch.' Sie hat sich riesig gefreut. Ja, beide haben wir uns gefreut."

So sind Kinder. Sie drücken ihre Zuneigung und Sympathie für jemanden, den sie mögen, ganz spontan aus. Ihnen liegt das Herz auf der Zunge, und deshalb sagen sie auch, was sie empfinden: „Du, dich mag ich." Wir Erwachsenen dagegen meinen, den Verstand vor das

Herz schieben zu müssen. Warum eigentlich? Sind die Enttäuschungen, die wir mit unserer Ehrlichkeit erlebt haben, so groß, dass Vorsicht geboten erscheint? Was hindert uns, einen so wichtigen Satz, wie ihn das kleine Mädchen formuliert hat, immer wieder auszusprechen? Sicher, wir werden unser Verhalten mit vielerlei Gründen rechtfertigen. Bedenkenswert bleibt trotzdem: Ein Kind, das spontan sagt: „Du, dich mag ich" und dessen Blick die Ehrlichkeit dessen ausdrückt, was es empfindet – ein solches Kind spiegelt die Liebe Gottes zu uns Menschen wider. Warum also zieren wir uns so voreinander, wo wir doch die Chance hätten, gottgewollt zueinander zu sagen: „Du, dich mag ich"? „Gott ist nahe", sagt Johann Heinrich Pestalozzi (1746–1827), der Schweizer Pädagoge, „wo die Menschen einander Liebe zeigen."

*Kinder haben ein grenzenloses Vertrauen*, solange sie nicht (oder nur ganz selten) enttäuscht werden. Sie sind bereit, ein Risiko einzugehen. Sie sind offen für den anderen, verlassen sich auf ihn, glauben an seine Zuverlässigkeit, räumen ihm einen Vorschuss ein. Sie fordern keine Garantien.

Wir haben als Kinder oft ein Spiel mit dem Namen „Mach die Augen zu und lass dich fallen" gespielt. Wir standen beieinander in einem Kreis, der etwa einen Durchmesser von zwei Metern hatte. Einer von uns musste in die Mitte treten, die Füße zusammen, die Arme verschränkt, die Augen geschlossen. Und dann hieß es:

„Nun schließ die Augen und lass dich nach irgendeiner Seite hin fallen – einer fängt dich schon auf!" Ja, so kann kindliches Vertrauen aussehen: Kinder haben den Mut, sich fallen zu lassen. Sie sind sicher, dass sie von jemandem aufgefangen werden. Wie soll man denn als Kind auch leben können ohne dieses spontane Vertrauen, das die Psychologen das so genannte „Urvertrauen" nennen? Wilhelm Tell, der Held der bekanntesten Schweizer Sage, musste einen Apfel vom Kopf seines eigenen Sohnes schießen. Der Sohn vertraute seinem Vater voll und ganz: „Mein Vater trifft den Apfel auf meinem Kopf", wird er gedacht haben, „das ist ganz klar. Daran gibt es überhaupt keinen Zweifel. Mein Vater fügt mir kein Leid zu. Er passt gut auf mich auf. Ich habe grenzenloses Vertrauen zu meinem Vater." Bei dem Sohn gibt es kein Misstrauen – trotz der bedrohlichen Situation. Das Kind vertraut seinem Vater bedingungslos, ohne Vorbehalte. Man fühlt sich geradezu an Jesus erinnert, als dieser am Kreuz hing und betete: „Vater, in deine Hände empfehle ich meinen Geist." Vertrauen heißt: sich öffnen für den anderen, ein Risiko bewusst eingehen, sich ausliefern, sich dem anderen überantworten.

Wie echtes Vertrauen aussieht, soll noch an einem abschließenden Beispiel, das ein Familienseelsorger erzählte, verdeutlicht werden. „Als ich im letzten regenreichen Sommer mit zwei Familien eine Bergwanderung machte, wurden wir von einem Gewitter überrascht. Prasselnder

Regen brach herein, Donner grollten, und schließlich krachten die befürchteten Blitze um uns. Und wir darinnen. Wir versuchten, vor allem die Kinder zu schützen; das Kleinste, noch kein Jahr alt, saß im Reiserucksack auf dem Rücken seines Vaters. Befürchtungen erfüllten uns Erwachsene, die wir uns nicht einzugestehen wagten. Wir eilten bergabwärts, so rasch es ging. Als ich zwischendurch nach dem Kleinsten schaute, war der inmitten von Regen und Sturm, Donner und Blitz auf dem Rücken seines Vaters eingeschlafen. Was brauchte er sich auch zu ängstigen, wenn doch der Vater ihn trug? Man wurde unwillkürlich an Jesus erinnert, der im Seesturm schlafen konnte."

Ist es nicht schön, Kinder spielen zu sehen? Wohl die meisten Menschen bleiben einen Augenblick stehen, wenn sie an einem Spielplatz vorbeikommen und dem Treiben der Kinder ein Weilchen zuschauen können. Die einen backen Kuchen, die anderen bauen Burgen, wieder andere beschäftigen sich mit ihrem Puppenkind oder rutschen die Rutschbahn herunter.

*Kinder spielen gern.* Das gilt nicht nur für die kleineren unter ihnen, sondern auch für die größeren. Spielen ist für Kinder eine der wichtigsten Tätigkeiten überhaupt. Nichts macht ihnen so viel Spaß und Freude, als wenn sie sich unbeschwert und vergnügt ihrem Spielzeug oder ihren Spielkameraden zuwenden können. Spielen ist eine Aktivität, die ein Kind reifen lässt. Es gibt überhaupt nichts in unserem Leben, was nicht vom Spiel ausginge.

Darum sagt der Dichter Friedrich von Schiller (1759–1805) mit Recht, der Mensch sei nur dort ganz Mensch, wo er spielt. Das Spiel beflügelt unser Tun. Es ist, wie einmal ein erfahrener Seelenkenner formuliert hat, „die beste Mitgift des verlorenen Paradieses".

Rastloses Tätigsein greift die letzten Energiereserven an, ruiniert die Gesundheit und wird zu einer lebensbedrohenden Gefahr. Wir sind heute eingespannt in ein System von Erfolg und Leistung. Wir können oft nur noch kalkulieren, spekulieren und programmieren. Wir jagen von Termin zu Termin. Vom Spiel halten wir nichts. Wir haben immer „Wichtigeres" zu tun und geben vor, keine Zeit zum Spielen zu haben.

Trotzdem gibt es keinen Zweifel daran: Das Spiel gehört wesentlich zum menschlichen Leben. Es ist ein sinnvolles Tun, das es wert ist, wieder erlernt zu werden. Schon um der eigenen Gesundheit willen, für die wir heute Verantwortung tragen und die uns im Alter als kostbares Geschenk gilt. Für ein zweckfreies, vom Erfolgszwang unbelastetes Spiel sollten wir Erwachsenen uns alle Zeit nehmen. Wir sollten die Betonmauern eiserner Zwecke, Kontoauszüge und Computer aufbrechen und uns im Spiel entspannen. Wir sollten heiter und gelöst die Zeit „verschwenden" und dem Einfallsreichtum des Augenblicks gehorchen. Wir sollten uns – wie die Kinder – unbeschwert, froh und gelassen geben. Spielen ist eine himmlische, eine göttliche Tugend. Es sollte auf

Erden mehr gepflegt werden – nicht nur von den „Kleinen", sondern auch von den „Großen". „Spielen ist eine Tätigkeit, die man gar nicht ernst genug nehmen kann", sagt Jacques Yves Cousteau, der französische Tiefseeforscher. Ein altes Kalenderwort sollte jeden von uns zum Nachdenken anregen: „Ein Mensch, der unfähig ist zu spielen, dessen Seele hat bereits Schaden genommen."

*Kinder verzeihen meist sehr schnell.* Demjenigen, der ihnen etwas angetan hat, vergeben sie rasch. Sie tragen keinem etwas nach – und wenn, dann gilt dies nur für kurze Zeit. Ihr Groll ist bald verflogen.

Die Geschichte, die eine Lehrerin ihrer zweiten Grundschulklasse vorlas, hieß „Knubbel".

Knubbel war eine Wollpuppe, die Peter, der Jüngste in der Familie, ganz innig liebte. Nachts lag Knubbel neben ihm im Bett, denn ohne ihn konnte er nicht einschlafen. Peter erzählte seinem Freund alles, was er auf dem Herzen hatte. Knubbel trocknete auch seine Tränen, wenn er mal weinte. Peters Mutter war ins Stricken vernarrt. Für die ganze Familie strickte sie immer wieder Pullover, im Moment gerade für sich einen mit Rollkragen. Und dann passierte es: Die Wolle ging aus. Es gelang der Mutter nicht, so sehr sie sich auch darum bemühte, irgendwo die gleiche Wolle zu bekommen. Da fiel ihr Blick auf Knubbel. Er war aus derselben Wolle, die sie für ihren Pullover brauchte. Die Mutter überlegte nicht lange und entschloss sich, die Wollpuppe für ihren Zweck zu verwenden. Den Jungen, dachte sie, muss ich ohnehin im Alter von sechs Jahren nun endlich seiner Puppe entwöhnen. Abends ließ sich die Mutter in ihrem fertig gestrickten Pullover von ihrer Familie bestaunen. Der Einzige, der nicht staunte, war Peter. Er suchte seinen Knubbel und fand ihn nicht. „Du wirst ihn verlegt haben", sagte die Mutter. Peter suchte lange und überall, bis er in Mutters Nähkiste das Gesicht fand, das einst auf seinem Knubbel aufgenäht war. Der Junge weinte. „Du bekommst morgen eine neue und noch viel schönere Puppe", versuchte ihn die Mutter zu trösten. Aber Peter ließ sich nicht trösten und weinte sich in den Schlaf. Alle anderen in der Familie blickten die Mutter vorwurfsvoll an. Plötzlich fing auch sie an zu weinen. Dann zerrte sie den Pullover von sich und begann ihn aufzuziehen, um einen neuen Knubbel zu stricken – einen, der aber nicht mehr der alte war und den Peter überhaupt nicht mochte …

Das war die Geschichte, die die Lehrerin der Klasse vorlas. Dann fragte sie die Kinder: „Was wäre, wenn eure Mutter so etwas tun würde?" Ein Junge meinte: „Ich würde sie anschreien." Ein anderer: „Ich wäre ganz schön sauer." Ein Mädchen sagte: „Ich würde nicht mehr mit ihr sprechen." Daraufhin fragte die Lehrerin: „Darf denn die Mutter keinen Fehler machen?" Ein Kind antwortete: „Doch, aber keinen solchen!" Die Lehrerin: „Und wenn sie ihn trotzdem macht?" Darauf erwiderte die achtjährige Sabine: „Ich würde meiner Mama einen Brief schreiben und ihr sagen: Es ist nicht so schlimm, Mama. Ich verzeihe dir. Bitte, sei wieder froh!"

Ist das nicht ein großartiges Verhalten, das hier ein kleines Mädchen zeigt? Man wird dabei unwillkürlich an einen Satz erinnert, den einmal ein bekannter Theologe ausgesprochen hat: „Im Verzeihen zeigt die Liebe erst ihre wahre Größe." Echtes Vergeben ist eine Seite der Liebe, die uns als Menschen verbindet. Wenn es von der Liebe heißt: „Wer nicht liebt, der verkümmert, und wer keine Liebe bekommt, der verkommt", dann möchte man im Hinblick auf die Vergebung sagen: „Wer nicht vergeben kann, kennt auch keine Liebe. Und wem nie vergeben wird, der verbittert." Erst die Erfahrung echter Vergebung macht auch uns fähig zur Vergebung – gegenüber den Kindern, gegenüber dem Ehepartner, gegenüber dem Arbeitskollegen, gegenüber dem Nachbarn, überhaupt gegenüber dem Nächsten. Das aber will erlernt und eingeübt sein. Und darum sollten wir uns oft bemühen – sagt Jesus –, „siebzig mal siebenmal", das heißt immer.

Damit es uns gelingt, dem anderen von Herzen zu vergeben, könnte uns vielleicht ein Gebet sehr hilfreich sein:

Herr, mach mich zu einem Werkzeug deines Friedens,
dass ich liebe, wo man hasst;
dass ich verzeihe, wo man beleidigt;
dass ich verbinde, wo Streit ist;
dass ich die Wahrheit sage, wo Irrtum ist;

dass ich Glauben bringe, wo Zweifel droht;

dass ich Hoffnung wecke, wo Verzweiflung quält;

dass ich Licht entzünde, wo Finsternis regiert;

dass ich Freude bringe, wo der Kummer wohnt.

Herr, lass mich trachten,

nicht, dass ich getröstet werde,

sondern dass ich tröste;

nicht, dass ich verstanden werde,

sondern dass ich verstehe;

nicht, dass ich geliebt werde,

sondern dass ich liebe.

Denn wer sich hingibt, der empfängt;

wer sich selbst vergisst, der findet;

wer verzeiht, dem wird verziehen;

und wer stirbt, der erwacht zum ewigen Leben.

**Aus Frankreich 1913**


*Kinder können noch richtig danken* – nämlich mit dem Herzen. Dankbarkeit ist ja heute nichts Selbstverständliches; in vielen Bereichen ist das Danken geradezu ausgestorben. Zwar kommt es hin und wieder zu einem kurzen „Danke", aber es rutscht so rasch über die Lippen, dass man nicht den Eindruck gewinnt: Das ist ein herzlicher Dank. Auch dann nicht, wenn es heißt: „Vielen Dank!" oder sogar „Tausend Dank!"

Danken scheint schwierig geworden zu sein. Warum eigentlich? Sicherlich liegt dies u. a. daran, dass man in unserem technischen Zeitalter meint, alles sei nahezu machbar. Personen werden heute durch Maschinen ersetzt. Wer ständig mit Maschinen umgeht, wird – um ein bekanntes Augustinuswort abzuwandeln – „maschinell". Eine Maschine, ein „Maschinenmensch" aber hat kein Herz. Wie sollte er danken können?

In einer Schulstunde wurde bei mongoloiden Kindern einmal gefragt, wofür sie danken können. Hier sind einige Antworten:

- Danke für das schöne Schulhaus.
- Danke für die neue Rutschbahn.
- Danke, dass du mit mir gespielt hast.
- Danke für das gute Mittagessen.
- Danke, dass du mir zugehört hast.
- Danke, dass du mir beim Aussteigen aus dem Bus geholfen hast.
- Danke für das Vogelgezwitscher am Morgen.
- Danke für das Schwimmen im Hallenbad.
- Danke, dass du heute so lustig gelacht hast.
- Danke, dass ich fröhlich sein kann.
- Danke, dass ich leben darf.

Die Antworten dieser Kinder könnten eine Einladung an uns sein, darüber nachzudenken, wofür wir alles danken können. Zum Beispiel für eine friedliche Nacht, für einen hellen Morgen, für das Brot auf dem Tisch, für eine gelungene Arbeit, für eine erhaltene Hilfe, für die Gesundheit, für jedes Lächeln, das uns geschenkt wird. Für alles, was selbstverständlich zu sein scheint, in Wirklichkeit aber keineswegs selbstverständlich ist. Wir können dafür danken, dass wir sehen, gehen, hören und atmen können. Gott schuldet uns diese Fähigkeiten nicht, er schenkt sie uns. Wir können danken für Aufmerksamkeiten und Gefälligkeiten, die wir immer wieder als Geschenke empfangen. Wir können danken für die Kostbarkeiten, die uns die Kirche schenkt, ohne die wir geistig und geistlich auf Sparflamme gesetzt wären. Wir können auch danken für die Enttäuschungen in unserem Leben, die uns von allerlei Täuschungen befreien. Wir können dafür danken, dass wir danken können ...

*Und wie sind die Erwachsenen?* Erwachsene sind – im Gegensatz zu Kindern – kontrolliert, mündig, sachlich, selbstbewusst; sie sind bestückt mit Verhaltensweisen, die Gefühle und Träume und unbekümmerte Lebensfreude fast ganz ausschließen. Erwachsene zeigen keine Schwäche, investieren kein Vertrauen. Sie müssen groß sein, etwas vorstellen, Haltung bewahren, die Fantasie im Zaum halten. Sie finden Taschenrechner wichtiger als Schmetterlinge; sie sind davon überzeugt, dass das Leben kein Spiel ist. Kurzum: Sie sind zu viel Kopf und zu wenig Herz.

Kinder sind da ganz anders. Sie brauchen keine klingenden Titel, keinen Besitz und keine Macht. Sie sind mächtig durch sich selbst, ein eindrucksvolles Zeichen Gottes. Nichts ist bei ihnen verkrustet, verhärtet oder festgefahren. Sie haben eine gleichsam verschwenderische Art, Liebe zu geben und Liebe zu empfangen. Sie sind der wertvollste Schatz dieser Welt und zugleich ihre größte Hoffnung. Darüber sollten wir einmal nachdenken. Denn nur, wenn wir wie ein Kind werden – also offen, unbefangen, spontan, begeisterungsfähig, vertrauenswürdig, unverstellt, herzlich und natürlich –, kommen wir in das Reich Gottes, sagt Jesus. Kindwerden ist unsere tägliche Aufgabe.

Reinhold Schneider (1903–1958), der bekannte Schriftsteller und Historiker, gestand einmal, dass ihm die Aufgabe, wie ein Kind zu werden, als das Schwerste am Christentum erscheine. Wir dürfen aber so werden. Es ist eine Gnade, um die wir oft bitten sollten. Jesus hat uns diese Haltung seinem Vater gegenüber vorgelebt. Er ist das (einzige und) beste Beispiel für die kindliche Haltung, die er von uns fordert. Er ist das Kind Gottes – der Sohn. Er hat als Erster das Reich Gottes angenommen wie ein Kind und sagt jedem von uns: „Hab keine Angst vor Gott! Sag du zu ihm! Du bist sein Kind, sein Sohn, seine Tochter. Gottes Arme sind immer für dich offen." Vielleicht kann uns in dem Bemühen, wie ein Kind zu werden, das Gebet eine kleine Hilfe sein. André Gide

(1869–1951), der französische Schriftsteller, hat uns ein ebenso zutreffendes wie schönes Gebet geschenkt: „Mein Gott, ich komme zu dir wie ein Kind, das ich nach deinem Willen werden soll; wie ein Kind, das der wird, der sich ganz dir überlässt. Alles, was meinen Stolz ausmacht und was mich in deiner Gegenwart beschämt, lasse ich hinter mir. Ich will dich hören und unterwerfe dir mein Herz."

Wir schaffen es nicht aus eigener Kraft, wie ein Kind zu werden. Wir müssen Gott bitten, dass er uns hilft und dass er – so wie Jesus damals – uns alle in seine Arme nimmt und uns segnet. Nur so werden wir eine große Familie der Kinder Gottes.

## Jesus segnet die Kinder

Jesus kam mit seinen Jüngern in ein Dorf. Als nun im Dorf bekannt wurde, dass Jesus da war, da kamen Väter und Mütter mit ihren Kindern zu ihm. Sie wollten Jesus bitten, dass er ihre Kinder anrühre. Sie wollten, dass ihre Kinder bei Jesus wären.

Aber die Jünger, die die Eltern mit den Kindern kommen sahen, ärgerten sich sehr. Es ging doch nicht an, dass ihr Meister von Kindern gestört würde. Darum schimpften sie mit den Vätern und Müttern. Sie wollten sie gleich wieder wegschicken.

Als Jesus das sah, wollte er es nicht zulassen. Er sagte zu seinen Jüngern: „Lasset die Kinder zu mir kommen und steht ihnen nicht im Wege! Den Kindern gehört Gottes Reich!" Dann ermahnte er seine Jünger und sprach zu ihnen: „Das sollt ihr wissen: Wenn ihr das Reich Gottes nicht so annehmen wollt wie ein Kind, dann werdet ihr nicht hineinkommen!"

Und als er das gesagt hatte, schloss er die Kinder in seine Arme. Er legte ihnen seine Hände auf den Kopf und segnete sie.

Nach Markus 10,13–16

# Ehrlich währt am längsten

*„Neulich habe ich auf der Straße eine teure Halskette gefunden. Ich bin direkt zur Polizei gegangen, damit sie wieder an ihren Besitzer zurückgegeben werden kann. Als ich später meinen Freunden davon erzählte, hielten die mich für verrückt. Sie meinen, ich hätte die Kette einfach behalten sollen. Seitdem überlege ich, ob ich mich nicht wirklich dumm verhalten habe. Macht es in der heutigen Zeit, in der man selber immer weniger Menschen richtig vertrauen kann, überhaupt noch Sinn, sich anders und besser als die anderen Menschen zu verhalten und ehrlich zu sein?"*

Über die Tugend der Ehrlichkeit zu sprechen, in der Stille über sie nachzudenken, ist ein Gebot der Stunde. Wie findig und erfinderisch ist der Mensch, wenn es gilt, die Unehrlichkeit zu verstecken! Wie viele sind durch Mangel an Ehrlichkeit „auf der Strecke geblieben"! Täglich können wir in der Zeitung über Schwindel, Spionage und Skandale lesen.

Es gibt aber auch noch zahlreiche ehrliche Menschen – Gott sei Dank! Da passierte in einer badischen Kleinstadt dieses: Ein Autofahrer ließ an einer Tankstelle auf der Tanksäule seine Brieftasche liegen. Vermutlich war er zerstreut, sicher hatte er es auch besonders eilig. Auf jeden Fall setzte er sich schnell in sein frisch betanktes Auto und fuhr davon. Jemand, der gleich nach ihm an die Säule kam, entdeckte die Brieftasche, nahm sie an sich und brachte sie zur nächsten Polizeiwache. Der Inhalt: rund 15.000 Euro! Hier hätte sicher mancher anders gehandelt. Einen solchen Betrag zu behalten und auszugeben – oder ihn wieder zurückzugeben: Da hätten sich viele gewiss für das Erstere entschieden, jeden als dumm bezeichnet, der anders gehandelt hätte!

Ehrlichkeit ist eine Tugend, ohne die kein Gemeinwesen bestehen kann, weder Staat noch Gesellschaft, weder Ehe und Familie noch sonst eine Gruppierung. Sie bewährt sich in dem Augenblick, in dem Unehrlichkeit möglich ist, in dem man sich geschickt oder auch rücksichtslos auf und davon machen kann, in dem großer persönlicher Profit ins Haus steht. Der Finder an der Tankstelle hat keine Schlagzeilen gemacht. Vielleicht wird er sogar von vielen mitleidig belächelt. Und doch brauchen wir solche Menschen wie ihn, Menschen, die ernst machen mit dem vielfach so abgenützten Begriff der Ehrlichkeit! Menschen, die sich nicht auf Kosten anderer bereichern, sondern sich an das schlichte, aber gültige Sprichwort halten: „Ehrlich währt am längsten."

Ehrlichkeit kann man letztlich nicht beschreiben, man muss sie erleben. Ehrliche Menschen sind gradeheraus; man weiß, wo man dran ist, kann sich auf sie verlassen, ohne verlassen zu sein. Ehrliche Menschen sind glasklar, durchsichtig, haben nicht mehrere Gesichter, verkleiden sich nicht. Man kann mit ihnen fast über

Wälle und Mauern springen (vgl. Ps 18,30), sogar Pferde mit ihnen stehlen. Kurz: Sie sind treue Menschen. Ehrliche Menschen, besonders wenn sie sich Christen nennen, sind ehrlich vor sich selbst, vor anderen und vor Gott. Sie machen sich nichts vor, gestehen sich ihre Grenzen ein, möchten nie besser scheinen als sein; sie geben keine Rätsel auf, haben keine Hintergedanken, suchen nicht auf Schleichwegen etwas zu erreichen; sie anerkennen ihre Gaben, verstehen sich als von Gott Beschenkte und sind deswegen dankbar und bescheiden.

Ehrlichkeit ist nicht eine Sache der Begabung, wohl aber der Selbstachtung und des Gewissens. Sie hat mit der Ehre eines Menschen zu tun. Der Unehrliche verliert seine Ehre, ist nicht mehr ehrenwert; er hat seine Ehre nicht nur aufs Spiel gesetzt, sondern verloren; er wird ehr-los und gerät in die Isolierung.

Große Vorbilder können dem, der sich um Ehrlichkeit bemüht, eine Hilfe sein. In der Bibel wird von vielen grundehrlichen Menschen berichtet: David (Ps 51,1; 1 Sam 16,24), Paulus (1 Kor 2,3; 2 Kor 12,7–10), Natanaël (Joh 1,47), Jesus (Hebr 5,8; Joh 12,27; Mt 26,37)! Auch in der Kirchen- und Weltgeschichte stoßen wir immer wieder auf nachahmenswerte Beispiele: Augustinus, Kaiser Friedrich II., Kardinal John Henry Newman. Ergreifend ist das Bekenntnis von Papst Gregor dem Großen in seiner Auslegung zum Buch Ezechiel: „Menschensohn, ich gebe dich dem Haus Israel als Wächter'

(Ez 3,17). Es ist bemerkenswert, dass der Herr einen Mann, den er zum Predigen sendet, ‚Wächter‘ nennt. Der Wächter steht immer erhöht, um zu sehen, was von Weitem kommt. Wer daher zum Wächter für sein Volk bestellt wird, muss durch seine Lebensführung hoch stehen, damit er durch Voraussicht nützen kann.

Wie hart ist für mich, was ich da sage: Im Sprechen treffe ich mich selbst; denn meine Zunge ist der Predigt nicht so gewachsen, wie sie es müsste, und soweit sie ihr gewachsen ist, bleibt das Leben hinter dem zurück, was die Zunge predigt.

Ich weigere mich nicht, meine Schuld zu bekennen. Ich sehe meine Stumpfheit und Nachlässigkeit. Vielleicht erwirkt mir meine Einsicht in die Schuld bei dem gütigen Richter Vergebung. Als Mönch im Kloster hatte ich die Möglichkeit, die Zunge von allem überflüssigen Reden fernzuhalten und das immerwährende Gebet des Herzens fast ununterbrochen zu üben. Seitdem ich aber die Schultern unter die Last des Hirtenamtes beugen muss, kann sich mein Geist nicht mehr völlig gesammelt auf sich selbst besinnen, weil er sich teilen und auf vieles richten muss.

Bald muss ich mich um die Angelegenheiten der Kirche, bald die der Klöster kümmern, oft über das Leben und das Tun einzelner Menschen nachdenken. Bald muss ich geschäftliche Dinge der Bürger über mich ergehen lassen, bald stöhne ich über die andringende Kriegsmacht der Barbaren und muss die Wölfe fürchten, die der mir anvertrauten Herde nachstellen. Bald muss ich mich um das Vermögen sorgen, damit die Mittel nicht ausgehen für die, denen es nach der Regel geschuldet wird. Dann wieder muss ich mit Gleichmut gewisse Räuber dulden oder ihnen begegnen mit dem Bemühen, die Liebe zu wahren.

Ist aber der Geist gespalten und zerrissen und gezwungen, so viele und wichtige Dinge zu bedenken, wann soll er sich dann auf sich selbst zurückziehen, um sich für die Predigt zu sammeln, wenn er sich dem Dienst der Wortverkündigung nicht entziehen will? Da ich, genötigt durch meine Stellung, oft mit Männern der Welt zusammenkomme, lockere ich manchmal die Zucht der Sprache. Verhalte ich mich nämlich anders, entsprechend der Strenge meines eigenen Urteils, dann fliehen mich – ich weiß es – die Schwächeren, und ich bringe sie niemals zu dem, wohin ich möchte. So kommt es, dass ich oft auch ihre nichtssagenden Reden anhöre. Weil aber auch ich selbst schwach bin, ziehen mich diese unnützen Reden doch auch an, und ich beginne sie gerne zu führen, obwohl ich sie doch anfangs nicht einmal gern hörte. Früher fürchtete ich zu fallen, jetzt macht es mir Vergnügen, am Boden zu liegen."

Solche Ehrlichkeit führt zu befreiender Gelassenheit. Sie macht innerlich reif, bewahrt vor Verkrampfung und „Profilneurose", d. h. vor der Sucht, immer in der Mitte stehen zu wollen.

Einem ehrlichen Menschen kann auch Gott nicht widerstehen. Gott liebt und erhört diejenigen, die reinen Herzens sind, die sich selbst nichts vormachen, die zu ihren Schwächen stehen, die wissen, dass sie aus sich selbst nichts vermögen (Joh 15,5), die ihr Dasein als verdankte Existenz verstehen. Deshalb sagte auch Rabbi Elimelech zu einem Ratsuchenden: „Du wirst in das Reich Gottes eingehen, denn du bist ehrlich."

Es kommt im Leben nicht darauf an, dass ich alles recht und perfekt mache, sondern dass ich es habe recht machen wollen. Nicht die Summe der guten Taten entscheidet, sondern die Gesinnung, aus der heraus ich gehandelt habe und handle.

## Späte Reue

Das schlechte Gewissen hat einer 84-jährigen Rentnerin über Jahre hinweg schlaflose Nächte beschert. Aus Not hatte die Frau im Jahre 1943 einen Wollschal gestohlen.

Nach fast 60 Jahren beschloss sie, bei der Polizei ein Geständnis abzulegen. Die Beamten konnten die Dame beruhigen: Die Tat war verjährt. Als Dank, ohne Strafe davongekommen zu sein, schickte die Rentnerin einen Blumenstrauß auf die Wache.

Nach einem Zeitungsbericht

# Sich mit dem Feind versöhnen?

*„Mit unseren Nachbarn sprechen wir nicht mehr, weil sie uns einmal sehr hintergangen haben. Bei jeder Gelegenheit versuchen sie nun, uns zu beleidigen und zu verletzen. Eine Freundin meinte neulich, wir sollten nicht so bockig sein und es noch einmal mit unseren Nachbarn versuchen. Wir sollten auf sie zugehen, frei nach dem Motto: Wer dich auf die eine Wange schlägt, dem halte auch die andere hin. Sie meint, dass sich der Streit dann vielleicht wieder aus der Welt schaffen lassen würde. Aber das können wir doch nicht tun! Vor allem deswegen nicht, weil nicht wir, sondern sie an der ganzen Auseinandersetzung schuld sind! Warum sollen wir den Anfang machen und riskieren, erneut verletzt zu werden? Was denken Sie?“*

Immer wieder kommt es dort, wo Menschen zusammenleben, zu Auseinandersetzungen, Streitereien, gegenseitigen Verletzungen und Unversöhnlichkeiten. Eine winzige Kleinigkeit löst manchmal eine ganze Kettenreaktion von halbbösen, bösen oder sehr bösen Worten und Handlungen aus. Statt aufeinander zuzugehen, gehen die beteiligten Personen oder Parteien immer weiter voneinander weg.

Es geht oft grausig zu auf der Welt, in der kleinen wie in der großen. In diese spannungsgeladene Welt hinein spricht die Kirche die Worte Jesu: „Liebet eure Feinde, tut Gutes denen, die euch hassen. Segnet die, die euch verfluchen; betet für die, die euch misshandeln. Dem, der dich auf die eine Wange schlägt, halt auch die andere hin, und dem, der dir den Mantel wegnimmt, lass auch das Hemd!" (Lk 6,27–29).

In der Tat: Die Worte Jesu haben etwas Provozierendes an sich. Wie sind sie gemeint? Offenbar nicht wörtlich. In der Leidensgeschichte (Joh 18,22ff.) wird berichtet, dass der Knecht des Hohenpriesters Jesus auf die eine Wange geschlagen hat. Der Herr hat ihm nicht die andere hingehalten und gesagt: „Schlag mich!" Der Herr hat ihn zur Rechenschaft gezogen: „Wenn es nicht recht war, was ich gesagt habe, weise das Unrecht nach; war es aber recht, warum schlägst du mich?" (Joh 18,23). Die Worte Jesu über die Feindesliebe bieten keine konkreten Anweisungen für das Verhalten im Einzelfall, sondern zeigen die Grundeinstellung, in der allein das Leben auszuhalten ist.

Soll das Leben nicht zur Hölle werden, dann bedarf es der wahren Großmut im Umgang mit dem Menschen, auch und gerade mit dem Feind. Was wahre Großmut ist, zeigt David im Kampf mit Saul (1 Sam 26,1–23). Die Situation ist bekannt. Der alte König Saul wird schwermütig. Man sucht Leute, die ihn aufheitern, und findet den jungen Hirten David. Er muss dem alten Monarchen aufspielen. Eine Zeit lang geht es gut. Dann siegt David über den Riesen Goliat. Die Mädchen und Frauen der Residenz ziehen in festlichen Kleidern dem jungen Helden entgegen und singen: „Saul schlug tausend, David aber zehntausend." Da packt Saul die Eifersucht. Der alte König duldet es nicht, dass der kleine David größer ist als er. Deswegen soll er sterben. Es kommt zum Bürgerkrieg. Mit dreitausend Mann zieht Saul gegen David zu Feld. In einer Höhle, wo es kein Entrinnen mehr gibt, hat David den König in der Hand. Er könnte ihn umbringen, aber er tut es nicht. David steht über der Sache. Er glaubt, die böse Sache läuft sich von selbst zu Tode. Er gibt die Geschichte in Gottes Hand. Dieser soll sie zu einem guten Ende führen. Das hat David aus der Geschichte gelernt: Die großen Rätsel lösen sich – wie bei Abraham – von selbst. Man muss nur warten können.

David bekam Recht. Die Großmut hat gesiegt: Das Böse wird nicht durch das Böse, sondern durch das Gute überwunden. Was wahre Großmut ist, hat der „Sohn Davids" vorgelebt. Man nennt ihn „Fresser und Säufer, Kumpan der Zöllner und Sünder" (Mt 11,19). Er heilt die Kranken und wird dafür denunziert (Joh 5,1ff.). Wohl niemand hat erlebt, dass man sich über einen Sterbenden lustig macht. Dem „Sohn Davids" wird zugerufen: „Steig herab vom Kreuz!" (Mt 27,40; Mk 15,30). Christus ekelt sich nicht vor den Menschen, steht über aller Hässlichkeit und betet: „Vater, vergib ihnen, sie wissen nicht, was sie tun!" (Lk 23,24).

Noch einmal: Das Leben auf der Welt wird zur Hölle, wenn es nicht Menschen gibt, die nach dem Modell Davids und des „Sohnes Davids" immer wieder die wahre Großmut üben. Was aber ist wahre Großmut? Großmut ist Vertrauensvorschuss, Verzicht auf Berechnung, auf Wenn und Aber, auf Bedingungen. Denn jedes Wenn und Aber löst neue Wenn und Aber aus. Großmut ist Bereitschaft, miteinander zu reden, eine Sache nicht auf sich beruhen zu lassen, zu verzeihen. Soweit es auf mich ankommt, ist die Sache vor Gott zurückgezogen. Der Schuldschein, den ich Gott präsentieren könnte, ist zerrissen.

Großmut hat aber auch Grenzen. Sie werden gesetzt von der Klugheit. Klugheit ist nicht Raffiniertheit, Gerissenheit. Großmut ohne Klugheit ist nicht Güte, sondern Gutmütigkeit. Gutmütigkeit aber ist „ein Stück Liederlichkeit" und führt in die Liederlichkeit. Es gibt Güte, die dem anderen nicht hilft, sondern schadet. „Gewiss, Güte entwaffnet; aber entwaffnet ist zunächst der, der gut ist" (Michael Horatczuk). Ich darf nicht jedem ein Almosen geben, weil ich ihm durch mein Almosen schaden kann.

Wahre Großmut ist nichts anderes als Liebe, jene Liebe, die den anderen auch in seiner Hässlichkeit noch ernst nimmt, für ihn da ist wie David für Saul, wie der „Sohn Davids" für Judas: „Freund, tu, wozu du gekommen bist!" (Mt 26,50).

Von einem alten chinesischen Kaiser wird berichtet, dass er das Land seiner Feinde erobern und sie alle vernichten wollte. Später sah man ihn mit seinen Feinden speisen und scherzen. „Wolltest du nicht die Feinde vernichten?", fragte man ihn. „Ich habe sie vernichtet", gab er zur Antwort, „denn ich machte sie zu meinen Freunden!"

Die Welt bekommt ein anderes Gesicht, wenn wir die hohe Kunst lernen, darüberzustehen. Es gibt ein herrliches Gebet von Ignatius von Loyola (1491–1556):

Herr, lehre mich die wahre Großmut,
lehre mich, dir zu dienen, wie du es verdienst,
zu geben, ohne zu zählen,
zu kämpfen, ohne der Wunden zu achten,
zu arbeiten, ohne Ruhe zu suchen,
mich zu opfern ohne anderen Lohn
als das Bewusstsein, deinen Willen zu tun.


**Eine große Tat**

Es ereignete sich einst, dass ein alter Mann, der im Sterben lag, seine drei Söhne zu sich rief.

Als er seinen gesamten Besitz, sein Land und sein Geld gleichmäßig unter seinen drei Söhnen verteilt hatte, zeigte er ihnen einen wunderschönen, wertvollen Edelstein, den er in der Hand versteckt gehalten hatte. „Ich möchte demjenigen von euch diesen Edelstein schenken, der schon einmal eine wirklich große Tat vollbracht hat", sagte er zu seinen Söhnen.

Der älteste Sohn durfte als Erster sprechen: „Einst ließ ein Mann sehr viel Geld bei mir zurück. Er vertraute mir so sehr, dass er mir sein Geld zur Aufbewahrung überließ, bis er von seiner weiten Reise zurückkommen würde. Ich bewahrte das Geld sicher auf, und nach seiner Rückkehr händigte ich es ihm vollständig wieder aus. Der Mann wollte mich für meine Dienste bezahlen, aber ich wollte nichts annehmen. War das nicht eine gute Tat?" Darauf antwortete der alte Mann: „Nein, mein Sohn. Das war einfach Ehrlichkeit und keine große Tat."

Da begann der zweite Sohn zu sprechen: „Einst kam ich an einem Teich vorbei und sah, wie ein Kind im Begriff war, im Wasser zu ertrinken. Ich sprang hinein, ohne an mein eigenes Leben zu denken. Ich zog das Kind heraus und trug es zu seiner Mutter. Sie war sehr froh und glücklich darüber. War das kein wertvoller Dienst, den ich ihr und dem Kind erwiesen habe?" „Du hast ihnen einen Dienst erwiesen, das stimmt", antwortete der Vater, „und du hast sehr gut gehandelt, aber das war Hilfsbereitschaft und Mitgefühl, aber keine wirklich große Tat!"

Schließlich begann der jüngste Sohn zu sprechen: „Ich ging einst in der Nacht an einer Schlucht vorbei und sah meinen größten Feind am Rande der Klippen liegen. Er war betrunken, und es klang, als ob er schliefe. Ich konnte sehen, wie er sich im Schlaf hin und her wälzte, und wusste, dass er, würde er den Abhang hinunterfallen, zu Tode kommen würde. Deshalb ging ich schnell zu ihm hin und zog ihn mit aller Kraft an einen sicheren Platz. Habe ich damit eine gute Tat vollbracht?" Der alte Vater war sehr erfreut: „Ja", sagte er und küsste seinen jüngsten Sohn auf die Wange. „Man kann keine größere Tat vollbringen, als seinem Feind zu helfen!" Und er schenkte den Edelstein seinem jüngsten Sohn.

**Märchen aus Äthiopien**


**Warum es keinen Krieg geben kann**

Als der Krieg zwischen den beiden benachbarten Völkern unvermeidlich war, schickten die feindlichen Feldherren Späher aus, um zu erkunden, wo man am leichtesten in das Nachbarland einfallen könnte. Und die Kundschafter kehrten zurück und berichteten ungefähr mit den gleichen Worten ihren Vorgesetzten, es gäbe nur eine Stelle an der Grenze, um in das andere Land einzubrechen. „Dort aber", sagten sie, „wohnt ein braver, kleiner Bauer in einem kleinen Haus mit seiner anmutigen Frau. Sie haben einander lieb, und es heißt, sie seien die glücklichsten Menschen auf der Welt. Sie haben ein Kind. Wenn wir nun über das kleine Grundstück ins Feindesland einmarschieren, dann würden wir das Glück zerstören. Also kann es keinen Krieg geben."

Das sahen die Feldherren denn auch wohl oder übel ein, und der Krieg unterblieb, wie jeder Mensch begreifen wird.

**Aus China**

## Wie ein Kochtopf

Ein Schüler fragte den Meister: „Wie ist es möglich, zwei unversöhnliche Feinde zur Zusammenarbeit zu bewegen?"

Der Meister antwortete: „Lerne von einem Kochtopf! Sein dünner Boden vermag die feindlichen Elemente Feuer und Wasser nicht zu versöhnen, aber er bewegt sie zur friedlichen Zusammenarbeit. Und dabei mischt er sich nicht ein in die widersprüchlichen Angelegenheiten der beiden Gegner. Er lässt Wasser Wasser sein, und auch das Feuer brennt weiter."

### Nach einer rabbinischen Parabel

# Gib die Hoffnung nicht auf!

*„Manchmal ist mir das Leben so verleidet, dass ich keine Hoffnung mehr habe. Dann lasse ich mich gehen, lasse alles laufen, wie es läuft. Ich lasse die Flügel hängen, bin antriebsschwach und wage nichts mehr. Manchmal kann ich mich auch auf nichts mehr konzentrieren, traue mich an keine Aufgabe mehr heran. Ich muss mich zu allem zwingen, bin schwunglos. Auf was soll ich noch hoffen?"*

Im „Brustton der Überzeugung" sagt der Volksmund: „Hoffnung verloren – alles verloren". Wer will das bezweifeln? Wie soll man auch weiterleben, wenn man nichts mehr zu hoffen hat, wenn nichts mehr zu machen ist?

Wir alle – ob jung oder alt, ob arm oder reich – hoffen an jedem Tag. Am Morgen hoffen wir auf einen guten Abend, und am Abend hoffen wir schon wieder auf einen guten Morgen. Wenn wir krank sind, hoffen wir auf Besserung, und wenn es uns ein ganz klein wenig besser geht, hoffen wir auf baldige Genesung. Im Winter hoffen wir auf den Frühling und im Sommer auf den Herbst. An der Haltestelle hoffen wir, dass der Bus oder die Bahn bald kommt, in der Bäckerei, dass wir bald bedient werden. Wir hoffen auf gutes Wetter, auf einen längst fälligen Brief, auf einen Besuch der Nachbarin ...

So hoffen wir uns durchs Leben. Auf die Frage: „Wie geht's?", könnte man sagen: „Danke, man hofft sich so durch!" Theologen und Philosophen sagen uns, dass der Mensch ein hoffendes Wesen ist, dass ihm die Hoffnungsfähigkeit eingestiftet, „einverleibt" ist. Die Erfahrung scheint dies zu bestätigen. Wenn wir auf unser Leben zurückblicken, werden wir feststellen, dass wir von Kindheit und Jugend an immer auf etwas hofften. Viele Hoffnungen gingen in Erfüllung, viele blieben unerfüllt. Manchmal erwarteten wir zu viel vom Leben. Bei diesem Rückblick auf unser Leben können wir auch feststellen, dass unsere Hoffnungsziele mit steigendem Alter immer kleiner wurden. Unsere Hoffnungen und Wünsche sind immer bescheidener geworden. Im Alter von 70 oder 80 Jahren sagen wir: Nur noch ein paar Jährchen, noch jeden Tag aufstehen können, noch ein wenig Freude erleben …

Wie gesagt, der Mensch kann nur leben, wenn er auf etwas zu-lebt, wenn er hoffen kann. Wir können eine Zeit lang auf Essen und Trinken verzichten, wie uns immer wieder Menschen, die in Hungerstreik treten, zeigen. Aber ohne Hoffnung können wir nicht sein. „Wir können wohl das Glück entbehren, aber nicht die Hoffnung", sagt Theodor Storm (1817–1888), der norddeutsche Lyriker und Novellist.

Eine alte Geschichte vermag das Gesagte zu verdeutlichen und zu ergänzen: Vor langer Zeit lebte in Nordchina ein alter Mann. Sein Haus zeigte nach Süden, und vor seiner Haustür ragten die beiden großen Gipfel des Taihung und des Wangwu empor. Sie versperrten den

Weg nach Süden. Entschlossen machte sich der Alte mit seinen Söhnen an die Arbeit: Sie wollten die Berge mit der Hacke abtragen. Der Nachbar des alten Mannes sah das und schüttelte den Kopf. „Wie närrisch ihr doch seid", rief er, „es ist vollkommen unmöglich, dass ihr die gewaltigen Berge abtragen könnt!" Der alte Mann lächelte weise, dann sagte er: „Wenn ich sterbe, dann werden meine Söhne weitermachen. Wenn meine Söhne sterben, werden die Enkel weitermachen. Die Berge sind zwar hoch, aber sie wachsen nicht weiter. Unsere Kräfte jedoch können wachsen. Mit jedem Stückchen Erde, das wir abtragen, kommen wir unserem Ziel näher. Es ist besser, etwas zu tun, als darüber zu klagen, dass uns die Berge die Sicht auf die Sonne nehmen." Und in unerschütterlicher Überzeugung grub der Alte weiter. Das rührte Gott. Er schickte zwei seiner Boten auf die Erde, die beide Berge auf dem Rücken davontrugen …

Und was ist, wenn unser Leben zu Ende ist? Haben wir noch etwas darüber hinaus zu hoffen? Oder kommt zum Schluss eine Sackgasse? Nichts mehr? Viele Menschen stellen sich auf diesen Standpunkt. Schön ist diese Vorstellung nicht.

Christen sind da anderer Meinung. Sie hoffen über dieses irdische Leben hinaus auf ein anderes, ganz anderes, viel besseres Leben. Sie wissen aus dem Glauben, dass alles, was jetzt ist, vergänglich ist und dass das Vergängliche eine unvergängliche Seligkeit zur Folge haben wird.

Mit anderen Worten: Christen erwarten das ewige Leben, die ewige Freude. Ewig bedeutet kein Zeitmaß. Ewig ist auch nicht so viel wie „endlos". Ewig meint vielmehr un-vorstellbares, un-endliches, un-sagbares Glück. Wenn wir die Gleichnisse Jesu überdenken, dürfen wir hoffen, dass Gott eines Tages die kühnsten Erwartungen eines Menschen übertreffen wird. In der Heiligen Schrift gibt es Aussagen, die uns aufhorchen lassen: Den Jüngern, die alles verlassen haben, hat der Herr verheißen, dass er ihnen alles „hundertfach" vergelten werde. Johannes lässt uns in der Apokalypse, dem letzten Buch des Neuen Testamentes, wissen, dass alles, was uns jetzt das Leben schwermacht, aufhören wird: „Der Tod wird nicht mehr sein, keine Trauer, keine Klage, keine Mühsal. Denn was früher war, ist vergangen" (Offb 21,4). Freude wird herrschen – grenzenlose Freude! Denn „kein Auge hat es je gesehen, kein Ohr hat es je gehört, keines Menschen Herz hat es jemals empfunden, was Gott denen bereitet, die ihn lieben." Gott wird dem Menschen begegnen mit einem Verstehen, das jedes Begreifen übersteigt. Ob dies nicht jetzt schon ein Grund zur Freude ist?

Phil Bosmans schreibt: „Du wirst sterben, aber du wirst wieder leben. Du wirst auferstehen.' Das ist Ostern. Eine unglaubliche Botschaft. Eine fantastische Freude. Wenn du das glauben kannst, wird es dich so überwältigen, dass du vor Freude tanzen und springen wirst. Deine Tage werden neu werden. Die Sonne wird scheinen. Die

Menschen werden lachen und fröhlich sein. Du hast ein Stück des verlorenen Paradieses wiedergefunden."

Solche Hoffnung ist in erster Linie ein Geschenk. Sie ist aber auch zu einem gewissen Teil lernbar, wenn man sich anstecken lässt von anderen, den Mut zum Nach-denken und Be-denken aufbringt und dabei das Beten um die Hoffnung nicht vergisst.

Im katholischen Gebet- und Gesangbuch „Gotteslob" (1975) findet sich ein schönes Hoffnungsgebet: „Gott, du bist es, auf den ich meine Hoffnung setze. Du hast durch Leben, Tod und Auferstehung deines Sohnes die Welt erneuert und wirst sie einmal vollenden. Von daher bekommt mein Leben Sinn und Richtung. So erwarte ich für mich und alle Menschen Vergebung, Heil und künftige Herrlichkeit; denn du bist getreu. Hilf mir, in dieser Hoffnung zu leben!" (4,3).


### Wer sich selbst aufgibt

Zwei junge, unternehmungslustige Frösche gingen spazieren. Sie wollten die große Welt kennen lernen. Aber wie das so geht: Man kann sich auch auf einem Spaziergang verirren und verlieren. Was tun? Ihren Teich hatten die beiden noch unerfahrenen Frösche längst aus den Augen verloren. Über ihnen brannte unbarmherzig die Sonne. Die zwei hatten einen maßlosen Durst. Auf einmal sahen sie einen großen Milchtopf; er stand im Flur eines

Bauernhofes. Da die beiden Frösche mächtige Sprungschenkel hatten, machten sie einen gewaltigen Satz und saßen glücklich in der Milch. Gierig tranken sie sich satt. Wie gut die Milch schmeckte! Aber schließlich kann und will niemand in einem Milchtopf sein Leben verbringen. Deshalb versuchten die beiden Frösche, die Topfwände hinaufzuturnen. Sie mussten aber bald erfahren, dass dies unmöglich war. Immer wieder rutschten sie in den Topf zurück und plumpsten in die Milch. Die Topfwand war zu steil und zu hoch! Immer wieder wollten sie mit einem mächtigen Sprung ins Freie kommen. Aber vergebens! Sie waren völlig verzweifelt. Denn ein Frosch kann wohl im Wasser leben, aber auf keinen Fall in einer Molkerei. „Ach", sagte der eine, „ich glaube, wir müssen hier elendig zugrunde gehen. Alles ist so maßlos traurig, alles ist so aussichtslos! Es wird wohl das Beste sein, wenn man sich gleich in sein unabwendbares Schicksal ergibt."

Gesagt, getan. Frosch Peter, der Pessimist, strampelte nicht mehr weiter, und mit einem letzten „Quak" ging er im Milchtopf unter. Otto aber, der geborene Optimist, war nicht so leicht kleinzukriegen. Er schwamm und schwamm, strampelte und strampelte. Mit seinen kräftigen Hinterfüßen führte er gewaltige Stöße aus, die ihn von einer Topfwand zur anderen trieben. Und siehe da: Allmählich, ganz allmählich wurde durch das Gestrampel die Milch in Butter verwandelt, in schwimmende Butterinseln. Darauf setzte sich der wackere Frosch und ruhte sich zunächst einmal aus. Dann stärkte er sich an der frischen Butter, und schließlich gelang ihm tatsächlich der große Sprung, der Sprung ins Freie und in die Freiheit! Er war seinem Milchtopf-Gefängnis entkommen. Und während er wieder seinem Froschtümpel zuhüpfte, dachte er dankbar bei sich: „Was für ein Glück, ein Optimist zu sein!"

Überlieferte Geschichte

## Nie aufgeben!

Als Benjamin Franklin einmal gefragt wurde, warum er eine Sache trotz großer Hindernisse nicht aufgebe, gab er einen Ratschlag, den alle beherzigen sollten, die versucht sind, zu verzagen, wenn sie für eine gute Sache arbeiten.

„Haben Sie schon einmal einen Steinmetzen bei der Arbeit beobachtet?", fragte er, „er schlägt vielleicht hundertmal auf die gleiche Stelle, ohne dass auch nur der kleinste Riss sichtbar würde. Aber dann, beim nächsten Schlag, springt der Stein plötzlich entzwei. Es ist jedoch nicht dieser eine Schlag, der den Erfolg bringt, sondern die hundert, die ihm vorangingen."

Überlielert

## Die ungleichen Brüder

Von zwei unbemittelten Brüdern hatte der eine keine Lust und keinen Mut, etwas zu erwerben, weil ihm das Geld nicht zu den Fenstern hinein regnete. Er sagte immer: „Wo nichts ist, kommt nichts hin." Und so war es auch. Er blieb sein Leben lang der arme Bruder „Wo-nichts-ist", weil es ihm nie der Mühe wert war, mit einer kleinen Ersparnis den Anfang zu machen, um nach und nach zu einem größeren Vermögen zu kommen.

So dachte der jüngere Bruder nicht. Der pflegte zu sagen: „Was nicht ist, kann noch werden." Er hielt das Wenige, was ihm von der Hinterlassenschaft seiner Eltern zugefallen war, zu Rat und vermehrte es nach und nach durch eigene Ersparnis, indem er fleißig arbeitete und eingezogen lebte. Anfänglich ging es hart und langsam. Aber sein Sprichwort „Was nicht ist, kann noch werden" gab ihm immer Mut und Hoffnung. Mit der Zeit ging es besser. Er wurde durch unverdrossenen Fleiß und Gottes Segen noch ein reicher Mann und ernährt jetzt die Kinder des armen Bruders „Wo-nichts-ist", der selber nichts zu beißen und zu nagen hat.

**Nach Johann Peter Hebel**

# Quellenverzeichnis

Alle Texte ohne einen Verfassernamen oder Herkunftsnachweis stammen von den Autoren.

S. 15: Dietrich Bonhoeffer, Widerstand und Ergebung.
© Chr. Kaiser/Gütersloher Verlagshaus, Gütersloh.

S. 35: Georg Moser, Auf dem Weg zu mir selbst.
© Verlag Herder, Freiburg 8. Auflage 1987.

S. 44: Werner Bergengruen, Gestern fuhr ich Fische fangen.
 Hundert Gedichte. Hrsg. von N. Luise Hackelsberger.
© 1992 by Arche Verlag AG, Raabe + Vitali, Zürich.

S. 75: Helen Keller, Leben und Lernen.
© Werner Pieper & The Gruene Kraft, Alte Schmiede, 69488 Loehrbach.

S. 81/82: Geog Moser, Mut zur Liebe.
© Verlag Herder, Freiburg 2. Auflage 1989.

S. 83/84: Phil Bosmans, Ich hab dich gern.
© Verlag Herder, Freiburg 9. Auflage 1995.

S. 90/91: Phil Bosmans, Vergiss die Freude nicht.
© Verlag Herder, Freiburg 52. Auflage 1999.

S. 100: Christa Meves, Das Großeltern-ABC.
© Verlag Herder, Freiburg 1983.